DIXIÈME QUARTIER.

S. MARTIN-DES-CHAMPS.

RECHERCHES
CRITIQUES,
HISTORIQUES ET TOPOGRAPHIQUES
SUR
LA VILLE DE PARIS,

DEPUIS SES COMMENCEMENTS CONNUS, JUSQU'A PRÉSENT;

Avec le PLAN de chaque Quartier:

Par le S.r JAILLOT, Géographe Ordinaire du Roi, *de l'Académie Royale des Sciences et Belles Lettres d'Angers.*

Quid verum... curo & rogo, & omnis in hoc sum. *Horat. Libr. I, Epist. I.*

A PARIS,
Chez l'Auteur Quai et a côté des grands Augustins.
et
Chez Aug. Mart. LOTTIN ainé, Imprimeur-Libraire rue S.t Jacques, au Cocq.

M.DCC.LXXIIII.
Avec Approbation, et Privilége du Roi.

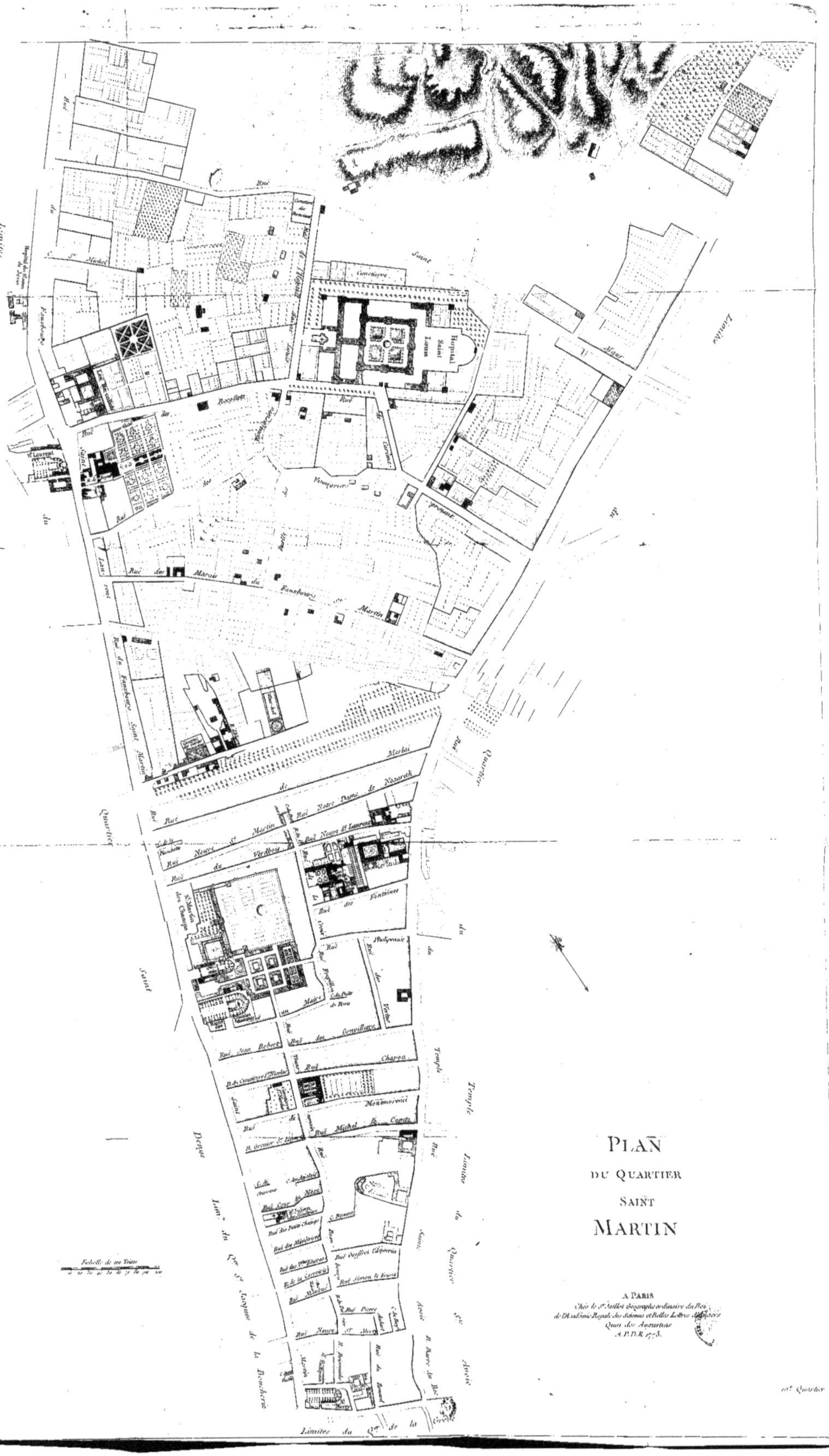

PLAN
DU QUARTIER
SAINT
MARTIN
A PARIS
Hopital Saint Louis
Rue des Recollets
Rue des Marais du Faubourg St Martin
Rue Notre Dame de Nazareth
Rue Neuve St Martin
Rue du Verdbois
Rue Neuve St Laurent
St Martin des Champs
Rue des Fontaines
Rue Chapon
Rue Montmorenci
Rue Michel le Comte
Rue Simon le franc
Rue Neuve St Merry
Rue du Temple

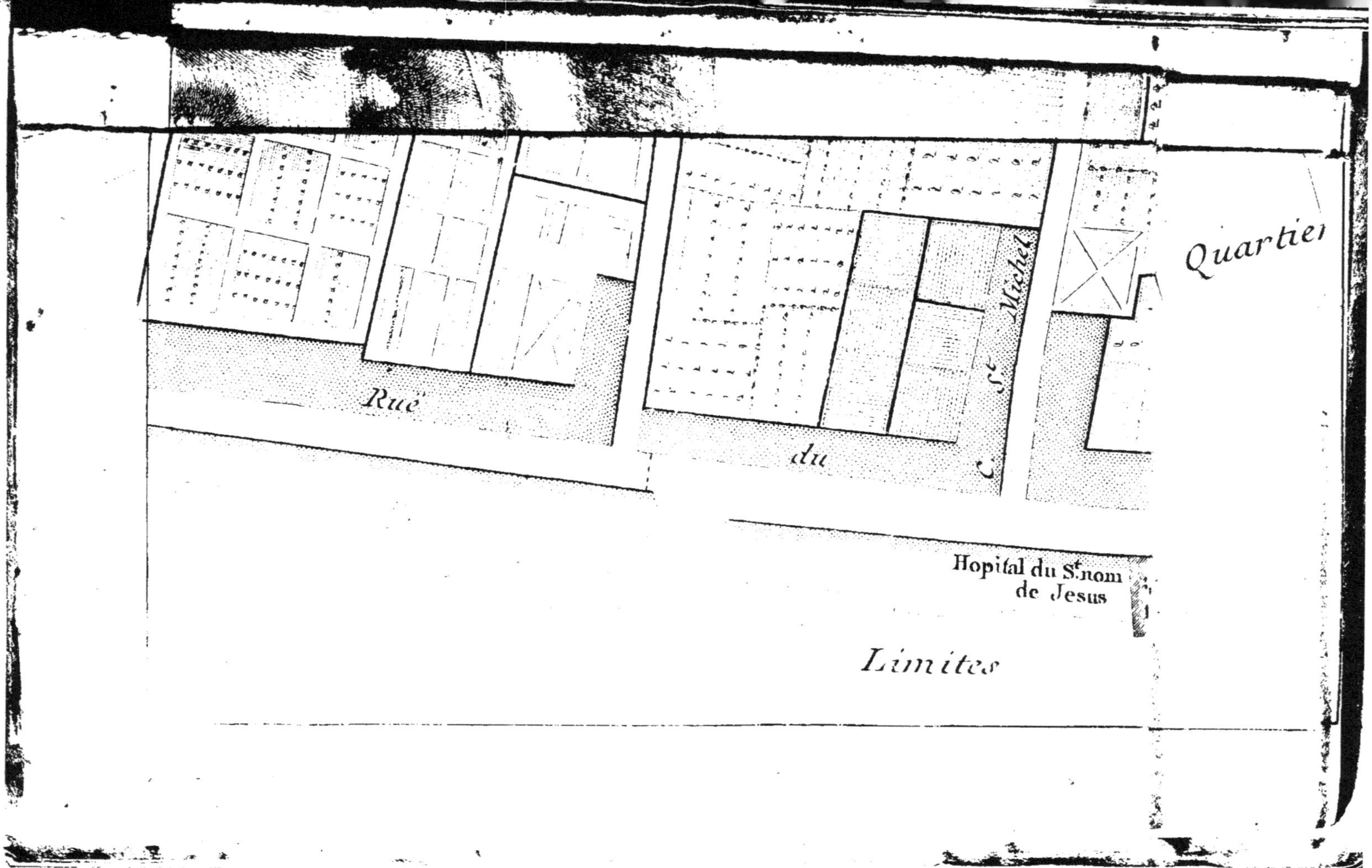
Ruë
du
C. St Michel
Quartier
Hopital du St nom
de Jesus
Limites

RECHERCHES
CRITIQUES,
HISTORIQUES ET TOPOGRAPHIQUES SUR LA VILLE DE PARIS.

X. QUARTIER.
S. MARTIN-DES-CHAMPS.

CE QUARTIER eſt borné à l'orient par les rues Barre-du-Bec, de Sainte-Avoie & du Temple excluſivement; au ſeptentrion, par l'extrémité des Fauxbourgs S. Denys & S. Martin incluſivement; à l'occident, par la rue S. Martin, & par la grande rue du Fauxbourg du même nom incluſivement; & au midi, par la rue de la Verrerie incluſivement, depuis le coin de la rue S. Martin juſqu'au coin de la rue Barre du-Bec.

On y compte cinquante rues, douze cul-de-ſacs, trois Égliſes Paroiſſiales, dont une Collégiale, trois Communautés d'hommes, deux Couvents de Filles, deux Hôpitaux, &c.

RUE BEAUBOURG. Elle aboutit à la rue Simon-le-Franc, & à la rue Grenier S. Lazare. Son nom vient de quelques maiſons qui furent bâties en cet endroit vers la fin du XIe ſiécle, ou au commencement du ſuivant. Elles formèrent un Territoire auquel on donna le nom de *beau Bourg, in pulchro Burgo.* Il comprenoit l'eſpace qui eſt aujourd'hui renfermé entre les rues Maubué, Grenier S. Lazare, S. Martin & Sainte-Avoie, ce qui duroit encore dans le XIVe ſiécle, temps auquel toute cette étendue n'étoit déſignée que ſous le nom général de *Biau Bourc*, qu'on a donné privativement depuis à la rue qui traverſe cet eſpace du nord au ſud. Sauval (*a*) & l'Auteur des Tablettes Pariſiennes ſe ſont trompés ſur cet article. Il eſt vrai que, lors de l'enceinte ordonnée par Philippe Auguſte, cette rue fut coupée en deux par le mur dans lequel on ouvrit une fauſſe-porte ou poterne, déſignée dans tous les anciens Titres ſous le nom de *Porte Nicolas Huidelon*, & quelquefois, mais mal-à-propos *Huidron* & *Hydron.* On trouve auſſi que, depuis cette porte juſqu'à la rue Tranſnonain, la rue Beaubourg s'appeloit rue *outre la Poterne Nicolas Hydron;* mais la partie en deça de cette Porte n'a jamais été nommée *Cul-de-ſac le Grand*, comme ces deux Auteurs l'ont avancé. Elle ne pouvoit même être conſidérée comme un cul-de-ſac, *Angiportus;* ce mot ſignifie une ruelle qui n'a point d'iſſue: or la rue Beaubourg aboutiſſoit à une porte, ce qui l'a ſouvent fait appeler rue *de la Poterne* & *de la fauſſe Poterne*, & c'eſt ainſi qu'elle ſe trouve déſignée dans la Liſte des Rues du XVe ſiécle. D'ailleurs elle

(*a*) Sauval, t. 1, p. 114. — Tabl. Pariſ. p. 31.

avoit des iſſues dans toutes les rues voiſines, dont la plûpart exiſtoient alors.

Il y a dans cette rue deux cul-de-ſacs fort anciens; ils ſont mentionnés dans l'accord fait, en 1273, entre Philippe le Hardi, & le Chapitre S. Merri. Le premier & le plus grand eſt ſitué entre les rues Geoffroi-l'Angevin & Michel-le-Comte; le ſecond eſt entre les rues Cour-du-More & Grénier S. Lazare. On a confondu, dit l'Auteur des Tablettes Pariſiennes, ces deux cul-de-ſacs. *Je n'avouerai de bons plans que ceux de de Liſle, Rouſſel & de la Grive, parce qu'ils ont ſuivi plus exactement les autres, & ſouvent même trop ſcrupuleuſement...... quand ce ne ſeroit pour exemple que le Cul-de-ſac Bertaud qu'ils confondent avec celui des Anglois dans la rue Beaubourg.* Ce reproche ne tombe que ſur le plan de l'Abbé de la Grive & ſur le mien; car MM. de Liſle & Rouſſel ont figuré ces deux cul-de-ſacs, ſans les déſigner par aucun nom: je conviendrai même que ceux qu'on leur donne paroiſſent autoriſés par les Inſcriptions actuelles, ſculptées aux coins de ces deux cul-de-ſacs, & c'eſt ce qui m'a déterminé à m'y conformer. Mais, ſans chercher à pénétrer ſi cette tranſpoſition des Inſcriptions n'eſt pas une mépriſe des ouvriers qui les ont poſées, ou ſi elle a été ainſi ordonnée par des motifs que je ne crois pas devoir approfondir, je me borne à rapporter que les titres & les anciens plans juſtifient celui de l'Abbé de la Grive & le mien. Le plus grand de ces deux cul-de-ſacs, appelé *aujourd'hui Cul-de-ſac Bertaut*, eſt indiqué dans l'accord de 1273 que j'ai cité, ſous le nom de *Cul-de-ſac ſans chef: Item quemdam vicum, qui vocatur Cul-de-ſac ſine capite.* Il a été prolongé ensuite jusqu'à un autre cul-de-sac de la rue Geoffroi-l'Angevin, qui a été supprimé depuis, & qui forme le retour d'équerre de celui-ci. Je ne trouve point que, jusqu'au milieu du XIVe siécle, il ait eu un nom particulier; mais, en 1342, on le nommoit rue *Agnès aux Truyes*, & en 1386, rue *des Truyes*. Il conserve ce nom sur le plan de Gomboust, & l'a même porté long-temps depuis; car, dans le papier terrier de S. Merri de 1723, toutes les maisons de ce cul de-sac sont désignées rue des Truyes, autrement grand cul-de-sac de la rue Beaubourg. Les mêmes énonciations se trouvent dans les Terriers de S. Martin-des-Champs.

Le second cul-de-sac de cette rue est inscrit sous le nom de *Cul-de-sac des Anglois* : dans l'accord de 1273, il est simplement désigné *Cul-de-sac le petit sine capite :* en 1356 (*b*), on l'indiquoit sous le nom de *petit Cul-de-sac près la Poterne*, & *petit Cul-de-sac près la fausse Poterne Nicolas Hydron*. Dans des temps postérieurs, & vers l'an 1577 (*c*), Jean Bertaut fit construire, rue Beaubourg, un Jeu de Paume, qui régnoit le long de ce cul-de-sac; ce qui lui fit donner le nom de cul-de-sac *du Tripot de Bertaut*, qu'il portoit encore en 1640. Dans les déclarations des Censitaires de S. Merri, en 1722, on le nomme *Cul-de-sac de la rue Beaubourg tenant au Jeu de Paume appelé Bertaut.* Ainsi, le nom de ce particulier ayant prévalu, il n'est pas surprenant qu'il se trouve dans les Titres qui en font mention, sur le plan de Gomboust, & sur ceux qui ont été publiés depuis: ce qui prouve, à ce que je crois,

(*b*) Archiv. de S. Merri. | (*c*) Sauval, t. I, p. 180.

que c'eſt par mépriſe qu'on a donné le nom de Bertaut au premier cul-de-ſac dont je viens de parler.

RUE DE BONDI. *Voyez ci-après* RUE DES FOSSÉS S. MARTIN.

RUE BRISEMICHE. Elle aboutit au Cloître S. Merri & dans la rue neuve S. Merri. Sauval (*d*) & ſes Copiſtes diſent qu'*en* 1273, *elle s'appeloit la rue Baillorhe*; *en* 1399, 1424 & 1427, *la rue Boullehouë*, *Baillehoë* & *Baillehoc*. Ils ſe ſont trompés tant pour l'orthographe que pour la ſituation. La rue Briſemiche n'a été ouverte qu'au commencement du XVe ſiécle : juſque-là il n'y en avoit qu'une, repréſentée aujourd'hui par la rue Taillepain ; elle aboutiſſoit à la rue neuve S. Merri ; il y avoit une porte à chacune de ſes extrémités : on l'appeloit *Baillehoë*, nom qui étoit déja corrompu & altéré ; car j'ai trouvé, dans les Archives de S. Merri, un acte du 8 Octobre 1207, dans lequel on lit très-diſtinctement *Vicus de Bay-le-hœu*; &, dans l'énonciation de la Cenſive de S. Martin-des-Champs en 1540 (*e*), on indique *la Villette S. Ladre au lieu dit* BAILLEHEU, *autrement Chaulmont* : ce qui fait conjecturer que ces deux endroits devoient leur nom à un particulier.

Le petit cul-de-ſac qui ſe trouvoit dans cette rue, fut prolongé & ouvert du côté du Cloître : le nom de Baillehouë ſe conſerva pour la partie de cette rue qui étoit du côté de celle de

(*d*) Tom. 1, p. 121. — Tabl. Pariſ. p. 32.

(*e*) Rec. de Blondeau à la Bibl. du Roi, tom 20, 2e Cahier.

S. Merri, & pour l'entrée de la rue Taillepain, comme on le peut voir ſur le plan manuſcrit de la Cenſive de S. Merri fait en 1512. Dans tous les Terriers de ce Chapitre, à l'exception de celui de 1722, la rue Taillepain n'eſt pas nommée, mais indiquée ſous le nom de *Briſemiche* dès 1420. On donna, dans le ſiécle ſuivant, ce nom à la ruelle ou cul-de-ſac qui avoit été ouvert ſur le Cloître : c'eſt pourquoi Corrozet diſtingue les rues *Briſemiche*, *Taillepain & Baillehou.* Il ſemble, dit l'Abbé Lebeuf (*f*), que Guillot a voulu déſigner ces deux rues par celles qu'il appelle rues *à Chavetiers* & *de l'étable du Cloître*; mais, outre que je n'ai trouvé aucun acte dans les Archives de S. Merri, qui faſſe mention de ces deux rues indiquées par Guillot, il paroît, par la marche de ce Poëte, que ces rues ne pouvoient être de ce côté, mais qu'elles étoient du côté de la rue de la Verrerie & de l'entrée du Cloître, par laquelle on va aux Conſuls.

Sauval (*g*) a conjecturé que *le nom de Briſemiche pouvoit venir de quelqu'un des devanciers d'Etienne Briſemiche, Curé de Beſons, qui mourut en* 1515. J'ignore cette étymologie, mais je crois que les noms de *Briſe-pain*, *Tranche-pain*, *Taille-pain* & *Briſe-miche* porteroient naturellement à penſer, qu'ils ont été donnés à l'endroit où ſe faiſoient la diviſion & la diſtribution des pains *de Chapitre* qu'on donnoit, ſuivant l'uſage, aux Chanoines de la Collégiale de S. Merri.

Rue de Carême-prenant. Elle va de l'Hôpital S. Louis à la rue du Fauxbourg du Tem-

(*f*) Tom. 2, p. 592. | (*g*) Tom. 1, p. 121.

ple. Ci-devant elle commençoit à la rue du Fauxbourg S. Laurent, ainſi qu'il paroît par les plans de Gombouſt, la Caille & autres : on en a retranché une partie, qu'on appelle aujourd'hui *rue des Récollets*. Cette rue doit ſon nom au territoire ſur lequel on l'a pratiquée. A la fin du XIVe ſiécle (*h*), on l'appeloit *la Courtille Jaqueline d'Epernon;* &, en 1417 (*i*), *la Courtille Barbette*. J'ai lu un Titre de 1465, qui énonce *le clos Jaqueline d'Epernon, autrement dit Carême-prenant, à la Courtille tenant au chemin qui conduit à S. Maur*. Elle eſt indiquée rue *de Carême-prenant* dans le Terrier du Roi de 1540.

RUE ou RUELLE DES CAVÉES. *Voyez ci-après* RUE DES MOULINS.

RUE DES PETITS CHAMPS. Elle traverſe de la rue Beaubourg dans celle de S. Martin. Il en eſt fait mention ſous ce nom dans l'accord de Philippe le Hardi avec le Chapitre de S. Merri en 1273, *vicus de parvis Campis*. La Caille s'eſt trompé en lui donnant le nom de rue *Palée*, qui ne convient, à ce que je crois, qu'à la rue *Cour du More*. (*Voyez cet article ci-après.*)

RUE CHAPON. Elle aboutit à la rue Tranſnonain & à celle du Temple. On l'appeloit anciennement *Vicus Roberti Begonis*, & *Beguonis ſive Caponis*, comme on le peut voir dans les Terriers de S. Martin de 1293 & de 1300. Gom-

(*h*) Arch. de S. Merri.

(*i*) Manuſcrit de la Bibliothéque du Roi, coté 5185. B.

bouſt & Bullet, ſur leurs plans, la prolongent mal-à-propos juſqu'à la rue S. Martin; car la rue du Cimetière S. Nicolas, qui en eſt la continuation, exiſtoit ſous ce nom dès 1220. L'Auteur du *Supplément des Antiquités de Paris* de du Breul (*k*) a voulu, de ſon autorité privée, ennoblir le nom de cette rue; il l'appelle *rue du Coq*. Dès 1313, elle étoit connue ſous celui qu'elle porte aujourd'hui.

LES RELIGIEUSES CARMELITES. Ces Religieuſes, comme je le remarquerai à l'article de leur Monaſtère (Quartier XVII) furent établies à Paris, en 1604, au Fauxbourg S. Jacques. La jeune Reine Anne d'Autriche, qui protégeoit cet Ordre inſtitué en Eſpagne, & qui en deſiroit l'agrandiſſement, les fit autoriſer à former un ſecond établiſſement en cette Capitale. Elles ſe logèrent d'abord dans une maiſon, rue Chapon, où elles furent établies le 8 Septembre 1617; mais, comme ce lieu n'étoit ni commode, ni aſſez ſpacieux pour une Communauté, elles jettèrent les yeux ſur un Hôtel voiſin, qui appartenoit à l'Evêque & au Chapitre de Châlons; &, dès le 24 Janvier 1618, ils donnèrent leur conſentement pour cette acquiſition. Sauval (*l*) dit qu'en 1617 Claude Thiard, Evêque & Comte de Châlons, le vendit à ces Religieuſes; &, dans un autre endroit (*m*), que ce fut en 1621 que Coſme Clauſſe s'en défit en leur faveur. Ce récit n'eſt pas exact. 1° On ne trouve point Claude Thiard dans la liſte des Evêques de Châlons.

(*k*) Pages 52 & 81.
(*l*) Tom. 2, p. 78.
(*m*) Ibid. p. 108.

2° Ce fut en 1619 que Cosme Clausse de Marchaumont, qui remplissoit cette dignité, le vendit aux Carmelites. Le contrat est du 6 Août de la même année: il fut ratifié le 6 Septembre suivant par l'Archevêque de Rheims, & approuvé par Lettres-Patentes du 23 Janvier 1621, enregistrées le 16 Mars suivant. Ces Religieuses y sont appelées *Prieure & Couvent de la Ste Mère de Dieu, Ordre de N. D. du Mont-Carmel.*

Les Carmelites prirent possession de cet Hôtel, au mois d'Octobre 1619: aidées des libéralités de Madame la Duchesse Douairière d'Orléans-Longueville, de M. le Duc son fils, & de plusieurs autres personnes, elles firent construire les lieux réguliers & une Chapelle qui fut dédiée en 1625. Elles se sont même trouvées, par leur sage économie, en état d'augmenter considérablement leur terrein, qui occupe un grand espace entre les rues Chapon & de Montmorenci. Le Roi, par ses Lettres-Patentes du mois d'Avril 1688, amortit toutes ces acquisitions, & mit le dernier sceau de l'autorité à cet établissement. Sur le consentement de M. l'Archevêque du 15 Juin, & sur l'avis du Lieutenant de Police & du Prevôt des Marchands & Echevins des 15 & 28 Juillet, ces Lettres furent enregistrées le 17 Août de la même année. Comme on y lit que le Roi amortit *la moitié de la maison acquise par les Carmelites des Religieuses de l'Incarnation comprise dans leur Couvent & enclos*, on en pourroit peut-être inférer qu'il y avoit en cet endroit un Couvent de l'Incarnation, & l'on se tromperoit. Il s'agit de la première habitation de ces Religieuses, rue Chapon, dans une maison qui appartenoit aux Carmelites de la rue S. Jacques, dont le Monastère est sous le titre de l'Incarnation.

L'Hôtel de Châlons, dont j'ai parlé au commencement de cet article, appartenoit, au XIIe ſiécle, aux Archevêques de Rheims; il fut enſuite aliéné, & racheté par eux en 1266. Les Evêques de Châlons l'acquirent au commencement du ſiécle ſuivant.

RUE DE LA CORROYERIE. Elle aboutit à la rue Beaubourg & à celle de S. Martin. C'eſt peut-être cette rue que Guillot nomme *Lingarière :* la marche du Poëte donne lieu de le penſer. Ce qu'il y a de certain, c'eſt qu'au XIIIe ſiécle on l'appeloit rue *de la Platrière.* Cependant le Cenſier de S. Martin-des-Champs de 1300, indique d'abord *vicus Plaſtrariæ*, & quelques lignes après, *vicus Correarii*, ce qui dénote deux rues différentes. Quoi qu'il en ſoit, on la nommoit rue de la Plâtrière (*n*) en 1313 & en 1482. Elle eſt indiquée ſous ce nom ſur le plan de Dheulland, & ſous celui de *la Plaſtaye* dans la Liſte du XVe ſiécle. Sauval (*o*), & ceux qui l'ont ſuivi, ſe ſont trompés, lorſqu'ils ont dit qu'en 1300 elle s'appeloit rue *de la Baudraërie*, & depuis *Baudroirie*: ils ont confondu cette rue avec celle du Poirier, ainſi nommée alors, ou avec la rue Maubué, à laquelle on a quelquefois donné ce nom par extenſion. Ils ont été peut-être induits en erreur par un cul-de-ſac qui ſubſiſte encore dans cette rue, & qu'on appelle *cul-de-ſac Baudroirie.* Elle avoit déja pris le nom de *Conroirie* en 1500, quoique Sauval lui donne une origine plus moderne d'un ſiécle. Sur les

(*n*) Chamb. des Comptes, Regiſtre *Noſter*.

(*o*) Tom. 1, p. 127. — Tablettes Pariſ. p. 34.

plans de Gombouſt, de Bullet & autres, elle eſt indiquée ſous le nom de *Courroyerie*, & mal-à-propos ſous celui de *Courrerie* dans les *Tables* de la Caille & de Valleyre. Corrozet indique, dans ce Quartier, une rue *de la Bloquerie*, qui pourroit être celle-ci; mais je n'ai vu aucuns Titres qui en faſſent mention ſous ce dernier nom.

RUE COUR-AU-VILLAIN, & par corruption Courtauvillain, aujourd'hui rue *de Montmorenci* dont elle fait la continuation. Elle avoit un bout dans la rue du Temple, & l'autre au coin des rues Tranſnonain & Beaubourg. Sauval (*p*) & ſes Copiſtes ſe ſont trompés; ils ont confondu cette rue avec celle qu'on appelle *Cour du More*, & qu'on nommoit alors rue *de la fauſſe Poterne*, & non *de la fauſſe Poterie*, comme ils le diſent. On trouve, dans les Archives de S. Martin-des-Champs, pluſieurs Titres qui font mention de la rue ou ruelle *au Villain* en 1328, 1329, &c. & de la Cour-au-Villain en 1363 & depuis; la Caille écrit *Courtauvillain* ou *Auvillain*.

RUE COUR DU MORE. Elle traverſe de la rue Beaubourg dans celle de S. Martin. Cette rue doit, comme la précédente, ſon nom à une Cour qu'on aura prolongée & percée pour en faire une rue. On l'appeloit, ſuivant le Rôle de 1313, rue *Jehan Palée*, & enſuite rue *Palée*. Elle eſt encore déſignée ſous ce nom dans une déclaration des Religieuſes de Montmartre du 3 Juillet 1551. Cependant, dès le commencement du XIVe ſiécle, la

(*p*) Tom. 1, p. 129.

proximité de l'Eglise de saint Julien, à laquelle elle est contigue, lui avoit fait donner le nom de *ruelle* ou *rue S. Julien*, sous lequel elle est indiquée dans le Compte des confiscations de 1421, & dans Corrozet. J'ai dit, à l'article précédent, qu'on l'avoit aussi nommée rue *de la Poterne* & *de la fausse Poterne*, parce qu'elle aboutissoit dans la rue Beaubourg, à peu de distance de la Poterne ou fausse Porte de Nicolas Huidelon. Depuis on lui a donné le nom de *Cour du More* & de *rue du More* qu'elle portoit dès 1606, suivant plusieurs Titres des Archives de S. Merri. On la trouve aussi, en 1640, indiquée Cour au More, dite *des Anglois*. Ne seroit-ce point cette dernière dénomination qui auroit fait donner le nom de cul-de-sac des Anglois au cul-de-sac Bertaut, comme je l'ai remarqué ci-dessus. (*Voyez* rue Beaubourg, p. 3). C'est sans aucun fondement, à ce que je crois, qu'on a gravé sur les plans de Gomboust, de Jouvin & de Bullet, *Cour des Morts*, & que l'Abbé Lebeuf (*q*) a suivi cette étymologie.

RUE DE LA CROIX. Elle aboutit d'un côté à la rue Phélipeaux, & de l'autre au coin des rues neuve S. Laurent & du Verdbois. Par une erreur de Copiste, elle est nommée *de la Creux* dans la liste du XVe siécle. Ce nom lui vient d'un canton de la Courtille-S.-Martin hors les murs, qui s'appeloit *la Croix neuve* en 1546; &, dans le Terrier de cette année, cette rue est indiquée sous le nom de rue *de la Croix neuve*. La dénomination de ce canton, suivant toute apparence, étoit

(*q*) Tom. 1, p. 267.

due à une Croix qu'on y avoit élevée ou rétablie depuis peu. C'étoit un usage ordinaire de placer des Croix à la sortie des Villes, à l'entrée des principaux chemins, & dans les carrefours.

RUE DES ÉTUVES. Elle traverse de la rue S. Martin à la rue Beaubourg. Ce nom lui vient des étuves aux Femmes, situées dans la rue Beaubourg, au coin de celle-ci. Elles avoient pour enseigne le Lion d'argent. Il en est fait mention dans des Lettres de Philippe le Bel en 1313, & dans *la Queulette* de la même année. Il est même certain qu'elles existoient avant ce temps-là, puisque Guillot énonce cette rue sous ce nom, & elles subsistoient encore en 1578. On l'a quelquefois appelée *rue des vieilles Etuves*. Au milieu du XIIIe siécle, on la nommoit *rue Geoffroi des Bains*, *vicus Gauffridi* ou *Godefridi de Balneolis sive stupharum* (*r*). Sauval l'a confondue avec celle du même nom, qui donne dans la rue S. Honoré.

On trouve, dans cette rue, une petite maison vieille & sans apparence, où se voit au-dessus de la porte un marbre noir avec cette Inscription:

Dieu tient le cœur des Rois en ses mains de clémence,
Soit Chrétien, soit Payen, leur pouvoir vient d'en-haut,
Et nul mortel ne peut, (c'est un faire le faut)
Dispenser leurs Sujets du joug d'obéissance.

Une tradition populaire veut que cette maison ait été bâtie par un Architecte d'Henri IV, ou qu'elle lui ait appartenu. Si cette opinion a quelque fon-

(*r*) Arch. de S. Martin-des-Champs.

dement, on peut assurer que la maison fait moins d'honneur au goût & aux talens de l'Architecte, que l'Inscription n'en fait au cœur & à la façon de penser du Citoyen.

RUE DES FONTAINES. Elle donne d'un bout dans la rue du Temple, & de l'autre dans celle de la Croix. Dès le commencement du XVe siécle, elle étoit connue sous ce nom, qu'elle a toujours conservé depuis. La Caille & autres l'appellent *rue des Madelonettes*, à cause du Couvent dont je vais parler: il n'y a que le bas peuple qui se serve de cette expression.

LES FILLES DE LA MAGDELEINE. Elles doivent leur Institution à la piété d'un Marchand de Vin, nommé *Robert Montri*, & leur établissement aux libéralités de Mme la Marquise de Maignelai, sœur du Cardinal de Gondi. Deux Filles engagées dans le libertinage & réduites à la misère, témoignèrent au sieur Montri le desir sincère qu'elles avoient de changer de conduite. Touché de leur état & de leur repentir, il les retira chez lui, & forma dès-lors le projet d'assurer une retraite à celles qui voudroient suivre leur exemple. Après une courte épreuve, il les plaça près de la Porte S. Honoré: mais la D^me^ Chaillou, qui s'en étoit chargée, s'en étant bientôt désistée, le sieur Montri les plaça dans sa propre maison le 21 Juillet 1618, & en prit une autre à loyer pour lui; elle étoit située près de la Croix rouge. Quelques autres Filles se joignirent aux deux premières: on leur accorda la permission d'avoir une Chapelle qui fut bénite, & dans laquelle on dit la première Messe le 25 Août de la même année. Les progrès rapides

rapides de cet établissement en présageoient le succès, & annonçoient la nécessité de lui procurer les ressources & la stabilité. M. Dupont, Curé de S. Nicolas-des-Champs, le P. Athanase Molé, Capucin, & M. Dufresne, Officier aux Gardes, entrèrent dans les vues charitables de l'Instituteur. Ils voyoient que le nombre des Pénitentes augmentoit, elles sentoient elles-mêmes le danger des occasions auquel elles se trouvoient exposées, par la liberté qu'elles avoient de sortir, elles demandèrent la clôture & l'obtinrent. Madame de Maignelai voulut coopérer à leur établissement, & se déclara leur Fondatrice. Elle acheta, le 16 Juillet 1620, la maison que ces Religieuses occupent rue des Fontaines, & joignit à ses premiers bienfaits un legs assez considérable pour le temps, que les besoins toujours renaissants d'une Communauté nombreuse rendent bien insuffisants aujourd'hui.

Les Filles de la Magdeleine entrèrent dans cette nouvelle maison le 29 Octobre de la même année. Louis XIII, informé des avantages qu'on retiroit de cet établissement, & des moyens qui manquoient pour le soutenir, leur assigna 3000 liv. à prendre, chaque année, sur la Recette générale de Paris, par son Brevet du mois de Mai 1625, enregistré au Bureau des Finances le 11 Février 1626.

Comme les établissements de cette nature ne peuvent se maintenir que par la sagesse de la conduite & la prudence de l'administration spirituelle & temporelle, on jugea qu'il n'étoit pas convenable de la confier à des personnes sans expérience, qui avoient vécu dans le desordre & dans la licence, & dont la ferveur & le repentir ne pouvoient suppléer les talents nécessaires pour soutenir cet Institut. On choisit les Religieuses de la

Visitation de Ste Marie pour gouverner cette Maison : M. de Gondi approuva ce choix le 13 Juillet 1629, & mit à la tête de cette Communauté quatre Religieuses le 20 du même mois.

On n'a point oublié dans cette Maison le zèle & le succès avec lesquels elles l'ont administrée pendant plus de 40 ans, & celles qui leur ont succédé les feroient encore regretter, si elles n'avoient pas été remplacées par les Religieuses de N. D. de Charité qui la gouvernent aujourd'hui.

Cet Institut fut approuvé par une Bulle d'Urbain VIII, du 15 Décembre 1631, & confirmé par des Lettres-Patentes du 16 Novembre 1634, enregistrées au Parlement le 30 Août 1640, à la Chambre des Comptes le 24 Mars 1662, & au Bureau des Finances le 29 Mars 1678. Pour affermir encore plus cet établissement, les Religieuses de la Visitation firent dresser, en 1637, des Constitutions que M. de Gondi approuva le 7 Juillet 1640.

Les Religieuses de la Visitation ayant desiré d'être déchargées de l'administration de cette Maison, en 1671, on leur substitua des Bénédictines de l'Abbaye de Bival en Normandie, qui, cinq ans après, (le 31 Mars 1677) furent remplacées par des Ursulines de la Maison de Ste Avoie, lesquelles s'en retirèrent, le 18 Juillet 1707, pour céder la place aux Ursulines de S. Denys : celles-ci en sortirent le 24 Août 1710; on leur substitua les Hospitalières de la Miséricorde de Jésus, qui n'y sont restées que jusqu'au 2 Mai 1720. Ces changements successifs ne vinrent que du dégoût des différentes Religieuses auxquelles on avoit confié la direction de cette Maison. Elles éprouvèrent que les vertus du Cloître ne suffisent pas pour conduire une Communauté de l'espèce de celle-ci : il faut des talents particuliers, savoir allier à propos la douceur & la sévérité, la condescendance & la fermeté, rappeler la raison égarée, adoucir des esprits aigris par l'humeur, & irrités de la contrainte & de l'humiliation de leur état, leur inspirer l'amour de la vertu & les consoler par l'espérance. Ces avantages étoient réservés aux Religieuses de S. Michel, dont je parlerai à l'article de la rue des Postes (Quartier XVII), & qui, depuis 1720, gouvernent cette Maison d'une manière digne d'éloges.

Cette Communauté est distribuée en trois classes différentes. La première, sous le titre de la Magdeleine, est composée de celles dont la ferveur & la piété ont été reconnues, après plusieurs épreuves, assez solides pour qu'elles puissent être admises à faire des vœux. Dans la seconde, sous le nom de la Congrégation de Ste Marthe, sont celles qui sont revenues de leurs égarements, mais dont la vocation n'est pas assez décidée pour qu'on puisse les admettre dans la première, ou qui ne peuvent y entrer à cause des engagements qu'elles ont contractés dans le siécle. Enfin la troisiéme est composée des personnes qui, sous un habit uniforme & une coëffe de taffetas noir, conservent encore le souvenir du monde, l'espoir d'y rentrer, le tumulte des passions & les caractères de l'indépendance ou d'une pénitence involontaire.

L'Eglise de ce Couvent est sous l'invocation de la Ste Vierge : elle fut bâtie en 1680, & dédiée le 2 Septembre 1685. On y a construit, en 1647, & non en 1616, comme le dit Sauval, une Chapelle semblable à celle de Notre-Dame de Lorette, & sous le même titre. Elle fut bâtie par les ordres de M. de Fieubet, Trésorier de l'Epargne, & de D[me] Claude Ardier, sa veuve, pour satis-

(s) Tom. 1, pag. 595.

faire à la dernière volonté de D[lle] Marguerite de Fieubet, leur fille, morte à l'âge de seize ans, le 11 Novembre 1646. Elle avoit deux fois visité la Chapelle de N. D. à Lorette, & témoigné le desir ardent qu'elle avoit d'en faire bâtir une semblable. La première Messe, à laquelle la Reine Anne d'Autriche assista, fut célébrée dans cette Chapelle le 22 Mars 1648.

RUE FRÉPILLON. Elle fait la continuation de la rue de la Croix, & aboutit au cul-de-sac de Rome & à la rue au Maire. Elle doit son nom à celui d'une famille, qui demeuroit dans cette rue au XIIIe siécle. Dans un acte de 1269, elle est nommée *vicus Ferpillonis*; rue *Ferpillon* en 1282; *vicus Ferpillionis* dans le Terrier de S. Martin-des-Champs de 1300, Depuis ce temps, ce nom a été altéré par le peuple ou par les Copistes, & l'on a écrit Ferpeillon, Serpillon, Frépillon, Fripilon, &c.

RUE GEOFFROI-L'ANGEVIN. Elle traverse de la rue Beaubourg à celle de Ste Avoie. Dès le milieu du XIIIe siécle, elle portoit ce nom, & l'a toujours conservé depuis, à quelques variations près, que l'usage avoit introduites dans l'orthographe ou dans la prononciation. Ainsi, on la trouve écrite *Géfroi Langevin* en 1278 & 1287, & *Giéfroi l'Angevin* dans Guillot. Sauval (*f*) & l'Auteur des *Tablettes Parisiennes* se sont trompés, en disant qu'*en* 1273 *elle s'appelloit vicus sine capite, qui vocatur cul-de-pet; en* 1389, *une ruelle sans bout nommée cul-de-pet; &, en* 1445, *la rue du cul-de-sac.* Ils n'avoient certainement lu ni l'original, ni la copie du Titre qu'ils citent; car, dans l'accord de 1273, cette rue est énoncée, *Item totum vicum*

(*f*) Tom. 1, pag. 138.

GAUFRIDI LANGEVIN sicut se comportat ab utraque parte cum quadam ruella sine capite, quæ vocatur Cul-de-pet. Ces termes prouvent clairement qu'ils ont confondu la rue & la ruelle, & qu'ils ont pris pour la rue Geoffroi l'Angevin le cul-de-sac qu'on y trouvoit, & qui a subsisté très-long-temps. La maison qui le terminoit, avoit sa sortie dans le *cul-de-sac le grand*, aujourd'hui mal-à-propos nommé *cul-de-sac Bertaut*, comme je l'ai dit ci-dessus, & c'est la seconde erreur des deux Auteurs que je viens de citer. Ce cul-de-sac n'avoit point de nom dans le XVe siécle; &, dans le suivant, il étoit désigné par l'enseigne de la maison devant laquelle il étoit situé. C'est pourquoi, immédiatement après la rue Geoffroi-l'Angevin, Corrozet indique *une ruelle devant le petit Paon* : elle ne subsiste plus aujourd'hui.

RUE DES GRAVILLIERS. Elle donne d'un bout dans la rue Transnonain, & de l'autre dans celle du Temple. Son véritable nom est rue *Gravelier* ou *du Gravelier*, *vicus Gravelarii*, qu'elle portoit en 1250 (*t*): on l'a depuis appelée *rue des Graveliers*. Elle conservoit ce nom jusqu'à la rue S. Martin, comme on peut le voir sur les plans de Dheulland, de Gomboust & de Bullet. C'est par erreur que, dans le procès-verbal de 1636, elle est nommée *des grands Villiers*.

RUE JEAN ROBERT. Elle fait la continuation de la rue des Gravilliers dont elle portoit le nom, ainsi que je viens de le dire, & aboutit à la rue S. Martin; celui qu'elle porte actuellement, ne lui a été donné qu'au commencement de ce siécle.

(*t*) Cart. S. Martini.

RUE GRENIER S. LAZARE. Elle commence à la rue S. Martin, & aboutit au coin des rues Transnonain & Beaubourg, vis-à-vis la rue Michel-le-Comte. L'usage des siécles passés l'a fait appeler *rue Grenier S. Ladre* : c'est ainsi qu'alors on nommoit S. Lazare. Le premier nom a été altéré; car anciennement on disoit *Garnier S. Lazare, vicus Garnerii de sancto Lazaro.* C'étoit celui d'une famille connue à la fin du XIIe siécle, & la rue qui le porte, étoit déja habitée au milieu du suivant. Au coin de cette rue, & un peu en-deça, étoit la Porte S. Martin de l'enceinte de Philippe Auguste.

RUE NEUVE S. LAURENT. Elle aboutit à la rue du Temple & au coin de celles de la Croix & du Pont-aux-Biches. On l'a ouverte sur la culture de S. Martin, & elle étoit connue dès le commencement du XVe siécle sous ce nom, qu'elle a toujours conservé depuis. Dans un Terrier de 1546, elle est appelée rue neuve S. Laurent, dite *du Vertbois.*

RUE DU FAUXBOURG S. LAURENT. Elle fait la continuation du Fauxbourg S. Martin depuis la grille & le nouvel égoût, jusqu'au chemin qui conduit au Village de la Chapelle. Sur quelques plans, on trouve l'extrémité de ce Fauxbourg désignée sous le nom de *Fauxbourg de Gloire.*

L'ÉGLISE S. LAURENT. Grégoire de Tours est, à ce que je crois, le premier de nos Historiens qui fasse mention de cette Basilique. Son témoignage en annonce l'antiquité; mais on ne sait ni par qui, ni dans quel temps elle a été bâtie, ni même ſi elle a toujours exiſté dans l'endroit où nous la voyons aujourd'hui. Cet Auteur dit (*u*) que, du temps de Clotaire, S. Domnole, depuis Evêque du Mans, étoit Abbé du Monaſtère de S. Laurent; &, dans un autre endroit (*x*), que l'inondation de l'année 583 fut ſi conſidérable, qu'il arriva de fréquents naufrages entre la Ville & l'Egliſe de S. Laurent. Que ces paſſages ſoient véritablement de Grégoire de Tours, ou qu'ils aient été ajoutés à ſon Hiſtoire dans un temps poſtérieur, on en pourra toujours conclure avec certitude, que la Baſilique de S. Laurent exiſtoit au commencement du VIe ſiécle. Car ce fut en 543 que mourut S. Innocent, Evêque du Mans, auquel l'Abbé Domnole ſuccéda. Je ne ſais ſur quel fondement Dom Dupleſſis (*y*) & l'Auteur du Calendrier Hiſtorique ont avancé, l'un que vers l'an 560 Domnole étoit Abbé de S. Laurent, l'autre qu'il fut tiré de ce Monaſtère en 566, pour être Evêque du Mans. On ne doute point qu'il ne ſoit mort le 1 Décembre 581; ce qui feroit à peu-près les 22 années d'Epiſcopat que lui donne Grégoire de Tours. Mais cet Hiſtorien n'a pas fait attention à l'erreur qui devoit naturellement ſe trouver dans cette ſupputation, puiſque Domnole a été le ſucceſſeur immédiat de S. Innocent, mort en 543; que le Siége Epiſcopal du Mans n'a pu reſter vacant pendant 17 ans, & qu'ainſi ſon Epiſcopat a duré environ 36 ans, & non pas 22, comme le dit Grégoire de Tours, ni 46, comme l'avance l'Auteur anonyme de ſa Vie, rapportée par Surius

(*u*) Lib. 6, cap. 9.
(*x*) Ibid. cap. 25.

(*y*) Nouv. Ann. de Paris, p. 62. — Cal. Hiſt. p. 297.

au 16 Mai & par les Bollandistes (z). Je dois encore remarquer que quelques Auteurs dont le nom est célèbre dans la République des Lettres, ont pensé que le Chapitre où Grégoire de Tours a parlé de la Basilique de S. Laurent, a été ajouté après coup à ses Ouvrages. Cette opinion, adoptée par le P. le Cointe & le P. Papebroch (a), a été attaquée & réfutée par Dom Thierri Ruinart (b), Dom Mabillon, M. le Courvoisier & le P. Bondonnet. Je ne dois pas non-plus négliger de dire qu'Adrien de Valois (c) & Dom Duplessis ont inféré de ces passages, que l'Eglise de S. Laurent étoit située au midi de la Cité. Ils se sont fondés sans doute sur la distance qui se trouve entre la Ville & S. Laurent. Si l'Eglise de S. Laurent, disent-ils, eût été la même que celle qui subsiste aujourd'hui, il y avoit déja plusieurs endroits remarquables qu'on eût pu citer par préférence: ils imaginent de plus que cette distance étoit trop grande, pour supposer que tout le terrein intermédiaire eût pu être inondé au point d'occasionner des naufrages; d'où ils concluent qu'il est plus vraisemblable de croire que l'Abbaye de S. Laurent étoit située au midi. D'après cette supposition, quelque hazardée qu'elle me paroisse, Dom Duplessis ne craint pas d'avancer que cette Eglise de S. Laurent, étant Abbatiale, ne pouvoit être autre que celle de S. Séverin d'aujourd'hui, qui,

(z) Boll. & Papebroch. Mai, 3e tom. p. 604, N° 6.

(a) Le Cointe, Ann. 545, N° 49. Papebroch. supra.

(b) Ruinart, Not. ad Greg. col. 283.

(c) Val. de Basil. reg. cap. 3, pag. 21, & Défens. Not Gall. pag. 162 & 163. — Nouv. Ann. de Paris, pag. 53. — Mercure de France, Janvier 1749, pag. 15.

dans un Diplôme d'Henri I, étoit désignée avec trois autres dont quelques-unes avoient été Abbatiales.

Je puis objecter à ce système, 1° Que le sol de Paris n'étoit pas alors à beaucoup près aussi élevé qu'il l'est aujourd'hui; que, malgré cette élévation successive, la Seine, dans ses débordements, a souvent inondé les marais au milieu desquels l'Eglise de S. Laurent est située; que, dans ces temps reculés, il n'y avoit ni fossés qui pussent absorber une partie des eaux, ni quais pour rétrécir le lit de la rivière, & que par conséquent il n'y avoit nulle impossibilité que le terrein qui se trouve au-delà des Portes S. Martin & S. Denys, pût être facilement inondé. 2° Que, lorsque Grégoire de Tours parle de la Basilique de S. Laurent, il ne dit point que les eaux allassent jusque-là, il l'indique seulement comme un des endroits les plus remarquables du Fauxbourg. Si, dès ce temps, il y avoit une enceinte au nord, comme il n'est guère possible d'en douter, cet Historien ne pouvoit pas citer les Monuments compris dans cette enceinte, parce qu'ils étoient en quelque manière à l'abri de l'inondation, ou en état d'y résister plus long-temps que de simples maisonnettes, telles qu'étoient alors celles des Fauxbourgs. 3° Que le terme de naufrage dont se sert Grégoire de Tours ne doit pas se prendre à la lettre, mais dans un sens plus étendu, qui comprend le renversement des jardins, la chûte des murs & des maisons, en un mot toutes les pertes & les calamités qu'occasionnent les inondations, & qui auroient été sûrement beaucoup plus considérables & plus dignes d'être spécifiées, si le Monastère de S. Laurent eût été situé sur le terrein qu'occupe aujourd'hui l'Egliſe S. Séverin. 4° Henri I. donne à Imbert, Evêque de Paris, les Egliſes de S. Etienne, de S. Julien, de S. Séverin ſolitaire, & de S. Bache, dont quelques-unes avoient été Abbayes; mais il ne ſpécifie pas que ce Titre eût été donné à celle de S. Séverin, & je me propoſe, quand je parlerai de cette Egliſe, de faire voir qu'il n'eſt guère vraiſemblable que, ſous les régnes de Childebert & de Clotaire, ce fût celle d'un Monaſtère.

Enfin, quand on ſuppoſeroit, ce qui n'eſt pas facile à prouver, que le Chapitre IX du 6e Livre de Grégoire de Tours a été ajouté après coup, ou interpolé dans des temps poſtérieurs, cela ne devroit pas faire préſumer que les faits rapportés par l'Auteur fuſſent contraires à la vérité : celui dont il s'agit, relativement à la Baſilique de S. Laurent, ſe trouve confirmé, pour conſtater ſon exiſtence dans le même-temps, par le témoignage de l'Auteur de la *Vie de S. Lubin* (*d*), qui rapporte le miracle opéré par les prières de ce Saint, leſquelles furent aſſez efficaces pour arrêter le progrès d'un incendie. *Le feu*, dit cet Auteur, *qui venoit du côté de S. Laurent*, ayant gagné les maiſons qui étoient ſur le pont, *à parte* BASILICÆ *B.* LAURENTII *noctu edax ignis exiliens*, &c. Tous nos Hiſtoriens s'accordent à dire que cet incendie arriva en 547. Voila donc encore une preuve de l'exiſtence d'une Baſilique de S. Laurent au nord de Paris, dans le VIe ſiécle. Je conviens que les expreſſions de l'Auteur que je viens de citer, ne fixent pas poſitivement l'endroit où elle étoit ſituée. Le feu commençoit à brûler les

(*d*) Vita ſancti Leob. Coll. Hiſt. de Fr. tom. 3, p. 431.

maisons du Pont: *Domos pendulas, quæ per Pontem constructæ erant, exurere cœpit.* Les Historiens dont j'ai parlé ont pu appliquer ces termes au petit Pont, & placer l'Eglise de S. Laurent au midi; mais on peut aussi les appliquer au grand Pont situé au nord. Telle est l'opinion de Dom Bouquet, du P. Dubois, de l'Abbé Lebeuf & autres. Je me détermine à l'adopter par préférence à celle d'Adrien de Valois, & je m'y crois autorisé par un Diplôme de Childebert III (*e*), par lequel il paroît que le Marché ou Foire de S. Denys avoit été transféré depuis quelque temps à Paris, dans un lieu situé entre les Eglises de S. Laurent & de S. Martin: *Clade intercedente de ipso vico sancti Dionysii ipse marcadus fuit emutatus, & ad Parisius Civitate, inter sancti Martini & sancti Laurentii Baselicis, ipse marcadus fuit factus,* &c. Cette Charte est de l'an 710; elle n'avoit point sans doute échappé aux savantes recherches d'Adrien de Valois, puisque lui-même, après avoir avancé que l'Eglise de S. Laurent étoit située au midi, convient (*f*) que, dès l'an 650, il y avoit au nord une Basilique sous le même nom. Ces autorités ne permettent pas de douter de l'existence de cette Eglise au nord sous les Rois de la première Race, mais on n'en peut pas conclure qu'elle fût située au même lieu où nous la voyons aujourd'hui. L'Historien de l'Eglise de Paris (*g*) est néanmoins de ce sentiment, qui a été adopté depuis par d'autres Auteurs. Il est pourtant assez probable que la situation primitive de ce Monastère

(*e*) Mabill. de re Diplom. libr. 6, num. 28.

(*f*) Val. deff. Not. Gall. p. 164.

(*g*) Hist. Eccl. Par. t. 1, p. 78.

étoit au lieu qu'occupent préſentement MM. de la Congrégation de S. Lazare. Du Breul (*h*), le Commiſſaire Lamarre & l'Abbé Lebeuf ont embraſſé cette opinion, qui paroît la plus vraiſemblable. Pour s'en convaincre, j'obſerverai que le chemin qui conduit actuellement en ligne directe de S. Martin à S. Laurent, n'exiſtoit pas alors; un peu au-deſſus de S. Martin, il ſe réuniſſoit à la grande chauſſée qui conduiſoit à S. Denys, & il eſt naturel de penſer que le Fondateur de l'Abbaye de S. Laurent l'aura plutôt fait bâtir le long d'un chemin public très-fréquenté, que dans un marais ſitué vis-à-vis, dont le terrein étoit ſouvent impraticable par la nature & la poſition du ſol, & par l'exhauſſement de la chauſſée. Mais, comme dans les premiers ſiécles de notre Monarchie l'uſage d'enterrer les morts dans les Egliſes ne s'étoit pas encore introduit, il y a lieu de croire que le cimetière & la Chapelle qu'on y voyoit, pouvoient être au même lieu qu'occupe aujourd'hui l'Egliſe de S. Laurent. M. Piganiol & ſon dernier Editeur (*i*) diſent qu'*il y a environ* 40 *ou* 45 *ans, dans le temps que Nicolas Gobillon étoit Curé de cette Egliſe, qu'on y déterra pluſieurs cercueils de plâtre, dans leſquels on trouva des eſpèces de Moines habillés de noir.* Pour parler plus exactement, il falloit dire qu'il y avoit environ 80 ans qu'en creuſant la terre, entre l'Egliſe & le cimetière, on découvrit des Tombeaux antiques de pierre & de plâtre, dans leſquels on trouva des corps

(*h*) Du Breul, p. 866. — Traité de la Pol. tom. 1, p. 75. — Lebeuf, tom. 2, p. 474 & ſuivant. — Sauval, tom. 1, p. 363.

(*i*) Tom. 4, p. 63.

dont les vêtements noirs parurent ſemblables à ceux des Moines. Cette découverte appuie l'opinion que j'ai ſuivie, & ne prouve point, comme l'a penſé le P. Dubois (*k*), que l'Egliſe de S. Laurent ait toujours été ſituée dans le même endroit où nous la voyons actuellement. J'ajouterai encore que les Auteurs dont j'ai cité le témoignage, ont remarqué avec raiſon que le Prieuré de S. Lazare a été, & ſe trouve même encore, chargé envers le Chapitre de Notre-Dame de certaines redevances dont l'Abbaye de S. Laurent étoit tenue, & auxquelles il ne ſeroit pas aſſujetti ſi les lieux qu'il occupe, n'étoient pas l'ancien territoire de cette Abbaye.

Ce Monaſtère éprouva vraiſemblablement toute la fureur des Normans : il étoit expoſé à leurs incurſions, & hors d'état de leur réſiſter. Il n'en reſtoit preſque pas de veſtiges à la fin du IXe ſiécle & les Religieux qui l'avoient quitté n'exiſtoient plus, ou manquoient des moyens néceſſaires pour le rétablir. Nos Annales n'en font plus mention qu'au XIIe ſiécle. Il paroît par des Lettres de Thibaud, Evêque de Paris, de l'an 1149, que l'Egliſe de S. Laurent appartenoit au Prieuré de S. Martin-des-Champs (*l*), & l'Abbé Lebeuf (*m*) inſinue que ce pouvoit être un don de cet Evêque, qui avoit été Prieur de ce Monaſtère. A l'égard du temps où cette Egliſe a commencé à devenir paroiſſiale, il ne me paroît pas facile d'en fixer la véritable époque. Du Breul la place ſous le règne de Philippe-Auguſte, lorſque ce Prince ordonna de faire une nouvelle enceinte, qui fut

(*k*) Hiſtor. Eccleſ. Pariſ. tom. 1, pag. 78.

(*l*) Hiſt. S. Martini, p. 186.

(*m*) Tom. 2, p. 473.

commencée en 1190, & finie en 1210; Sauval, la Caille, Piganiol & son nouvel Editeur en 1180, sans en indiquer la preuve. Un Auteur moderne ne l'indique comme paroisse qu'en 1623; ce qui est assurément une faute d'impression, à moins qu'il n'ait confondu l'érection en paroisse & la réédification du portail & de partie de cette Eglise, qui fut faite en 1622 ou 1623. On ne peut guère nier que cette Eglise n'ait été baptismale dans des temps plus reculés, & antérieurs à la clôture de Philippe-Auguste : la distance entre cette Eglise & la Ville, & le nombre considérable d'Habitants qui demeuroient sur l'étendue de son territoire, ne permettent pas d'en douter. Ce fut cette multitude de Citoyens, dont le nombre augmentoit tous les jours, qui donna lieu à l'érection des Cures. Le Concile de Paris, tenu en 829 (*n*), défend (Chapitre 49) aux Ecclésiastiques de posséder deux Cures en même-temps ; & celui de 847 (*o*) ordonne aux Evêques d'ériger, dans les Villes & dans les Fauxbourgs, des Titres-Cardinaux, c'est-à-dire, des Paroisses, & d'y préposer des Prêtres : c'est de-là que les Evêques ont introduit l'usage de se faire assister à l'Autel les jours de Noël, de Pâque & de l'Assomption par ces Prêtres-Cardinaux, & qu'à la tête de leur Chapitre ils alloient célébrer la Fête patronale dans leurs Eglises. Le Prieur de S. Martin-des-Champs (*p*) & le Curé de S. Laurent sont nommés parmi ces Prêtres-Cardinaux, & le Chapitre de Notre-Dame est encore dans l'usage d'envoyer, le 10 Août, Fête de S. Laurent, six Bénéficiers chanter la grand-Messe dans cette

(*n*) Histor. Eccles. Paris. tom. 1, p. 346.

(*o*) Ibid. pag. 397.

(*p*) Past. A. libr. 19. Cart. 79. Cart. Episc. ex Bibliotheca Reg. coté 5526.

Eglise. C'étoit une marque de la supériorité de l'Eglise-mère sur ces Paroisses, & de leur dépendance de la Cathédrale. C'est sans doute à ce Titre que Thibaud, Evêque de Paris, en disposa en faveur de S. Martin-des-Champs, dont le Prieur nomme à la Cure. Cette Eglise fut entièrement rebâtie au XVe siécle, & dédiée le 19 Juin 1429; on l'augmenta en 1548; elle fut reconstruite en grande partie en 1595; enfin, en 1622, l'on y fit des réparations considérables, & on la décora du Portail qu'on voit aujourd'hui.

L'HÔPITAL DU SAINT NOM DE JÉSUS. Il fut fondé, par contrat du 29 Octobre 1653, par une personne de piété qui, par une modestie bien rare, mais expressément prescrite par l'Evangile (*q*), ne voulut être connue que de Dieu & de M. Vincent de Paul qu'elle chargea de cet établissement. Il étoit destiné pour vingt pauvres Artisans de chaque sexe, que la vieillesse ou les infirmités mettoient hors d'état de gagner leur vie. Pour remplir ce dessein, M. Vincent acheta deux maisons, contigues, qu'il fit accommoder convenablement pour ce double asyle : il y fit construire une Chapelle & deux salles à manger, disposées de façon que les Hommes & les Femmes peuvent entendre la même Messe, & la lecture qu'on fait pendant le repas, sans pouvoir se parler ni se voir. Le nombre de ces pauvres a été réduit à 15 Hommes & à 15 Femmes en 1719: il est aujourd'hui porté à 18. Cet établissement, approuvé par M. l'Archevêque le 15 Mars 1654, & confirmé par Lettres-Patentes du mois de Novembre de la même année, est sous la direction de MM. de S. Lazare, & desservi par les

(*q*) S. Matth. Chap. 6, ℣. 3.

Sœurs de la Charité. Les Priviléges qui lui furent accordés alors, ont été depuis confirmés par d'autres Lettres-Patentes du mois de Décembre 1720, & par celles de surannation du 11 Septembre 1738. On le trouve désigné, dans la Caille, sous le titre d'*Hôpital de l'Enfant Jésus*. Les Historiens de Paris n'en ont pas fait mention, & d'autres ont imité leur silence.

LE COUVENT DES RÉCOLLETS. Le zèle & la ferveur, qui s'étoient ranimés dans l'Ordre de S. François, avoient déja fait naître deux Réformes qui ont été embrassées par les Capucins, & par les Picpus ou Tertiaires. Il s'en forma encore une troisième vers la fin du XVIe siécle, qui donna naissance aux *Frères Mineurs de l'étroite Observance de S. François*, qu'on nomma *Récollets*. Ce nom vient de celui de *Récollection*, qui signifie le recueillement, les réflexions qu'on fait sur soi-même, & l'éloignement de tout ce qui peut nous en distraire. L'étroite Observance des Frères Mineurs avoit commencé en Espagne dès l'an 1484, & étoit passée en Italie en 1525 (*r*). On voit qu'elle étoit connue en France en 1582 : elle n'y fut cependant introduite & reçue qu'en 1592, & n'eut un état fixe & légal qu'en 1597. Les Registres de la Ville fixent en cette année l'époque de l'établissement de cette Réforme à Nevers, où elle avoit pris naissance le 27 Janvier 1592, en vertu d'un Bref de Sixte V. Clément VIII ne se contenta pas d'approuver cette Réforme, & de confirmer les Bulles de Clément VII & de Grégoire XIII qui l'avoient autorisée, il donna encore un Bref, en

(*r*) Histoire des Ordres Monast. tom. 7, pag. 133.

1601,

1601, par lequel il commandoit aux Archevêques & Evêques de France d'aſſigner aux PP. Récollets un ou deux Couvents dans leurs Diocèſes. Henri de Gondi, Evêque de Paris, leur ayant permis, le 4 Avril de la même année, de s'y établir, & Henri IV les ayant pris ſous ſa protection, ils ſe placèrent, en 1603, au Fauxbourg S. Laurent, dans une maiſon que Jacques Cottard, Marchand-Tapiſſier, & Anne Groſſelin, ſa femme, leur prêtèrent, & dont ils leur firent enſuite donation, par acte du 14 Décembre de la même année, qui fut confirmé par Lettres-Patentes du 6 Janvier ſuivant. Ils y firent auſſi-tôt conſtruire une petite Egliſe, qui fut conſacrée le 19 Décembre 1605. Henri IV leur donna, la même année, un champ aſſez vaſte pour augmenter leur jardin. Leurs principaux Bienfaiteurs, après les ſieur & dame Cottard, furent le Baron de Thiſi & Mme Brulart, ſon Epouſe, M. de Bullion, depuis Surintendant des Finances, M. le Chancelier Séguier, &c. dont les libéralités mirent les Récollets en état d'augmenter leurs bâtiments, & de faire conſtruire une nouvelle Egliſe. La Reine Marie de Médicis, qui s'étoit déclarée Fondatrice de ce Couvent, par ſes Lettres du mois de Janvier 1605, poſa la première pierre de cette nouvelle Egliſe. Elle fut dédiée ſous le titre de l'*Annonciation de la ſainte Vierge*, par M. l'Archevêque d'Auch, le 30 Août 1614.

Cet Ordre a rendu & rend encore de grands ſervices à la Religion & à l'Etat, par les Prédications & les autres fonctions du ſaint Miniſtère. Ce ſont ordinairement ces Religieux qu'on envoie dans les Colonies, & qu'on emploie dans les Armées en qualité d'Aumôniers. L'expérience a toujours justifié ce choix, & le succès a été le fruit & la récompense de leur zèle.

Un peu au-dessus de ce Couvent, & du même côté, est situé *le cul-de-sac S. Michel.* Ce nom lui vient probablement d'une enseigne.

RUE DE L'HÔPITAL S. LOUIS. Elle est située à l'extrémité de la rue des Récollets, & aboutit à la rue S. Maur, ou du chemin de S. Denys. Elle doit ce nom à la Maison dont je vais parler.

L'HÔPITAL S. LOUIS. Sauval dit (*f*) qu'il fut commencé par Henri IV en 1604, & achevé par Louis XIII en 1617 : l'Abbé Lebeuf & autres en placent la Fondation en 1608. Ces dates ne sont pas exactes. La contagion dont la Ville de Paris fut affligée, en 1606, fit connoître la nécessité de bâtir un lieu propre à recevoir les Pestiférés, afin d'empêcher la communication d'un mal si dangereux. L'Hôpital du Fauxbourg S. Marcel, qu'on avoit proposé de destiner à cet objet, ayant été trouvé trop petit, on choisit un lieu plus commode entre le Fauxbourg du Temple & celui de S. Martin. Le Roi, par son Edit du mois de Mars 1607, accorda dix sous à l'Hôtel-Dieu sur chaque minot de sel qui se vendroit dans les greniers de Paris pendant 15 ans, & cinq sous à perpétuité, après l'expiration desdites 15 années. En conséquence, les Administrateurs de l'Hôtel-Dieu conclurent un marché, pour la construction de cet Hôpital, le 20 Juin 1607. La première pierre de la Chapelle fut posée le 13 Juillet de la même

---

(*f*) Tom. 1, pag. 561.

année. Cet Hôpital, ainsi que celui de la Santé du Fauxbourg S. Marcel, furent achevés en quatre ans & demi, & la dépense monta à 795,000 l. Celui-ci fut nommé *l'Hôpital S. Louis*, non pas, comme l'á dit Germain Brice (*t*), à cause de Louis XIII, qui régnoit alors, mais parce que Henri IV voulut qu'il fût sous l'invocation de *S. Louis*, qui mourut de la peste. Ce fait est constaté par l'Inscription placée sur la porte, qu'il a copiée en entier. Ces inconséquences sont très-fréquentes dans cet Auteur : il n'est pas plus exact en parlant de l'autre Hôpital : il dit que, quelques années après la construction de celui de S. Louis, on y réunit celui de Ste Anne, situé au-delà de l'Observatoire, qui fut ainsi nommé, parce que la Reine, Epouse de Louis XIII, portoit le nom de cette Sainte. Cette Maison de Santé n'étoit point au-delà de l'Observatoire, qui n'étoit pas encore bâti, mais dans la rue de l'Arbalêtre. Elle fut unie à l'Hôtel-Dieu par le même Edit de 1607, & construite en même-temps que celle de S. Louis ; elle ne portoit point le nom de Ste Anne, ni celui de la Reine, puisque Louis XIII, qui n'avoit pas alors six ans, ne pouvoit être marié, & n'étoit pas encore monté sur le Thrône. On ne peut pas faire plus de fautes en moins de mots.

Quoique l'octroi qu'Henri IV avoit accordé à l'Hôtel-Dieu fût considérable, il paroît cependant, par les Registres du Parlement, qu'il ne suffisoit pas pour subvenir aux frais nécessaires. Il fut autorisé, par Arrêt du 4 Septembre 1609,

---

(*t*) Tom. 2, pag. 51.

à emprunter à rente une ſomme de 60 mille livres à meſure que le beſoin l'exigeroit, & chargé de la rembourſer dans la ſuite, du produit dudit octroi. Au mois d'Août précédent, le Roi avoit adjugé à l'Hôtel-Dieu l'argenterie & les ornements d'Egliſe qui ſervoient à la Confrérie des Changeurs, établie dans l'Egliſe de S. Leufroi, dont le Service ne ſe faiſoit plus.

Cet Hôpital eſt ſous la direction & l'adminiſtration de l'Hôtel-Dieu. Il a été deſtiné pour les convaleſcents dans les temps où il n'y a point de maladies contagieuſes. La néceſſité de procurer un aſyle à ceux qui ne ſont plus aſſez malades pour reſter dans les Hôpitaux, mais dont les forces ne ſont pas ſuffiſamment rétablies pour retourner chez eux, avoit engagé Mme de Bullion à fonder un Hoſpice pour huit perſonnes ſortant de *l'Hôpital de la Charité*. Elle donna par-là l'exemple & l'idée de former en grand ce qu'elle n'avoit pu exécuter qu'en petit. Le Cardinal Mazarin légua, dans cette vue, une ſomme de 70,000 liv. à l'Hôtel-Dieu: M. le Duc de Mazarin y ajouta 30,000 liv. d'autres perſonnes pieuſes en donnèrent ſoixante; &, pour faciliter encore le ſuccès de cet établiſſement, on unit à l'Hôtel-Dieu le Prieuré de S. Julien-le-Pauvre. Malgré ces ſecours, il s'en falloit cependant encore de beaucoup que ces ſommes puſſent ſuffire à la dépenſe des bâtiments néceſſaires pour un pareil établiſſement, & il étoit imprudent de les commencer, ſans ſavoir comment on en pourroit ſoutenir les charges. Les Adminiſtrateurs de l'Hôtel-Dieu demandèrent la permiſſion de faire, dans l'Hôpital de S. Louis, une épreuve de la dépenſe la plus indiſpenſable, afin de voir s'ils pourroient la ſoutenir; ce qui leur fut accordé par Arrêt du 24 Novembre 1676, à la charge néanmoins que, si la Ville se trouvoit affligée de mal contagieux, les Administrateurs seroient obligés de faire retirer les convalescents dudit Hôpital pour le laisser libre aux malades. Cette épreuve eut tout le succès qu'on pouvoit desirer. En 1709, la rigueur de l'hiver & la misère qu'elle occasionna, causèrent différentes maladies, & principalement le scorbut. L'Hôpital S. Louis fut aussi-tôt destiné pour tous ceux qui en furent attaqués; &, comme le nombre en étoit très-considérable, on augmenta les bâtiments, on répara les anciens, & on le mit dans l'état où nous le voyons aujourd'hui.

Cet Hôpital a donné son nom à un cul-de-sac contigu, plus connu présentement sous le nom de *cul-de-sac S. Louis*, que sous celui de *ruelle des Postes*, qu'il portoit anciennement, suivant le Plan de M. Robert: je n'en connois point d'anciens, ni même de nouveaux, si ce n'est depuis 10 à 12 ans, sur lesquels il soit désigné sous aucun nom; mais j'en ai un manuscrit dessiné, en 1741, par feu M. l'Abbé de la Grive, sur lequel il est nommé *ruelle Dagouri*. Le Commissaire du Brillet, qui a continué le *Traité de la Police*, l'appele *rue Notre-Dame*.

RUE AU MAIRE. Elle commence à la rue S. Martin, près de l'Eglise S. Nicolas, & aboutit à la rue Frépillon & au petit cul-de-sac du Puits de Rome. Le nom de cette rue n'a varié que dans l'orthographe: on disoit avec raison rue *au Maire* dès le XIIIe siécle, & *au Mayre* en 1450 & 1560; c'étoit son véritable nom, *vicus Majoris sancti Mar-*

tini (*u*). On l'a défiguré depuis en écrivant *Omer, Aumair, Aumere* & *Aumaire*, comme on le voit sur nos Plans & dans les Nomenclatures. Ce nom lui vient du Maire ou Juge de la Justice de S. Martin-des-Champs, qui avoit son domicile affecté dans cette rue, & y tenoit sa Jurisdiction. C'est encore mal-à-propos que, sur quelques Plans modernes, on ne donne à cette rue le nom qu'elle porte que jusqu'à la rue Transnonain, & que, dans l'autre partie, on la nomme rue *du Puits de Rome*. Elle n'est point ainsi désignée dans les Titres ; mais il est vrai qu'elle se prolongeoit autrefois jusqu'à la rue du Temple. Je la trouve en cet endroit nommée *rue de Rome*, sur un Plan manuscrit de 1546, & l'on en a conservé le nom au petit cul-de-sac, qui subsiste encore sous le nom de *cul-de-sac du Puits de Rome*. Il lui venoit de l'enseigne d'une maison, appelée ainsi: auparavant on le nommoit *rue aux Cordiers* & *des Cordiers*. Les Titres de S. Martin de 1382 & 1386, énoncent *une maison rue aux Cordiers y séant delez la rue au Maire*, & une autre *faisant le coin de la rue Frépillon & de la rue des Cordiers*.

RUE S. MARTIN. Elle commence au coin des rues de la Verrerie & des Lombards, & finit à la Porte S. Martin. Ce nom lui vient de l'Abbaye, aujourd'hui Prieuré de S. Martin-des-Champs. Dans les temps anciens, & avant la clôture de Philippe-Auguste, il y avoit une enceinte, dans laquelle l'Eglise & le Cloître de S. Merri

(*u*) Archiv. de S. Mart. des Champs. Cart. de 1250 & 1300.

étoient renfermés. La Porte de cette enceinte étoit bâtie vis-à-vis de la rue Neuve S. Merri; il en subsistoit encore quelques vestiges au XVe siécle, sous le nom de *l'Archet S. Merri*. Elle fut donnée par Dagobert à l'Abbaye de S. Denys (*x*). Suger, qui en étoit Abbé, & Régent du Royaume pendant le voyage que Louis le Jeune fit à la Terre-Sainte en 1147, & qui nous a laissé un détail de son administration, nous apprend que cette Porte, qui ne produisoit au Roi que douze livres par an, rapporta depuis par ses soins jusqu'à cinquante livres; & Raoul de Presle (*y*) dit que, sous le régne de Charles V, on voyoit encore le jambage de cette Porte. C'est par cette raison que, dans la plûpart des Titres anciens, on trouve, sous les noms de *rue S. Merri* & *de l'Archet S. Merri*, la partie de la rue S. Martin comprise entre la rue Neuve S. Merri & celle de la Verrerie, & qu'on la voit ainsi nommée sur quelques-uns de nos Plans, mais sans aucun fondement; car, dans un petit Terrier Latin de S. Martin-des-Champs, dont l'écriture est au plus tard du milieu du XIIIe siécle, cette partie de rue est désignée par son nom actuel, *vicus sancti Martini juxta Portam sancti Mederici*; &, dans le même Terrier, toute la rue S. Martin est énoncée *extra & infra muros*. On la trouve également sous le même nom de *vicus sancti Martini de Campis*, dans toute son étendue actuelle, dans le Cartulaire de S. Maur en 1231 & 1247 (*z*). Ainsi l'on auroit tort de prendre pour cette étendue, celle que Guillot appele *rue de la Porte S. Merri*.

(*x*) Gesta. Dagob. N° 33. Du Chesne, tom. 1, p. 582.

(*y*) Tr. de la Pol. t. 1, p. 73.

(*z*) Cartul. sancti Mauri, ex Bibliotheca Reg. N° 5414, fol. 368.

Ce nom ne convient qu'au bout de la rue de la Verrerie de ce côté, comme je le remarquerai à cet article; ou au cul-de-sac S. Fiacre, comme l'Abbé Lebeuf l'a pensé.

L'ÉGLISE COLLÉGIALE ET PAROISSIALE DE S. MERRI. Elle a été bâtie sur la place qu'occupoit anciennement une Chapelle sous l'invocation de S. Pierre, dont je n'ai pu découvrir ni le Fondateur, ni l'origine; mais il est certain qu'elle subsistoit au VIe siécle. Malgré la diversité des sentiments des Auteurs qui ont parlé de cette Eglise, il n'est peut-être pas impossible de fixer les incertitudes de M. de Launoi, & de détruire les absurdités, les anachronismes & les contradictions de Sauval. Mes Lecteurs seroient en droit de me blâmer d'avoir mis trop d'amertume dans ce reproche, si je ne mettois sous leurs yeux les propres termes de cet Historien. « C'est, » dit il (a), une Eglise Collégiale, qui étoit an» ciennement une Chapelle, *dédiée à S. Pierre,* » *qui a été canonisé en* 255 *par S. Denys.* Cette » Chapelle a été renommée par *les Miracles qui* » *y ont été faits* par S. Pierre; ce qui y attira » S. Merri ou S. Médéric qui, à son arrivée à » Paris, se logea près de cette Chapelle & y » demeura environ deux ans & dix mois. Il y » mourut, en 768, le 29 Août, *sous le Régne de* » *Charlemagne*, selon Usuard ». Il ajoute : « Que » ce Saint y demeura avec un de ses Religieux, » nommé *Saint Frou;* qui depuis a été canonisé, & » qui fut enterré en la Chapelle de S. Pierre en» viron l'an 879 ou 884; que la translation des

(a) Tom. 1, p. 361.

» Reliques de S. Médéric fut faite ſous *Gordin ou* » *Gauzelin quarante-cinquième* Evêque de Paris : » enfin qu'en 1005 & 1015 Renaud, Evêque de » Paris, donna, au Chapitre de Paris, cette Cha- » pelle de S. Pierre, *où l'on avoit fondé des Cha-* » *noines* &. Chapelains, & *qu'en* 1200 elle fut » rebâtie, dédiée & érigée en Paroiſſe ».

Je ne relève pas la prétendue Canoniſation de S. Pierre faite par S. Denys : je me contente d'obſerver que S. Merri mourut au commencement du VIIIe ſiécle, ſuivant l'ancien Auteur de ſa Vie, *circa annum* 700 (*b*); qu'en admettant même l'époque de 768, citée par Sauval, Charlemagne n'étoit pas encore ſur le Trône, Pepin n'étant mort que le 24 Septembre de cette année; que ſi S. Frodulphe ou Frou, Diſciple de S. Merri, eſt mort en 879, ſuivant le calcul de Sauval, il devoit avoir au moins alors 120 ans, & 190 ſelon l'Hiſtorien de S. Merri; qu'il n'y a point eu d'Evêque de Paris, nommé *Gordin*; que Goſlin ou Gauzelin eſt le 49e Evêque de cette Ville; qu'il n'y avoit point de Chanoines à S. Merri, lorſque cette Egliſe fut donnée au Chapitre de Notre-Dame, & qu'on y faiſoit les fonctions curiales 200 ans plutôt que Sauval & ſes Copiſtes ne l'ont marqué.

Il s'eſt encore trompé dans les dates de 1005 & 1015 : il n'y a point eu deux Conceſſions de l'Egliſe de S. Merri, qu'on ne connoiſſoit plus ſous le nom *de Chapelle de S. Pierre* depuis plus de 120 ans; la ſeule que Renaud en fit au Chapitre de Notre-Dame eſt de l'an 1007, ainſi qu'il

(*b*) Sæcul. 3, Benedict. t. 1, pag. 13.

eſt conſtaté par les Paſtoraux de cette Egliſe (*c*).

Je ne crois pas qu'il faille ajouter plus de foi aux Hiſtoriens qui diſent que cette Chapelle s'appeloit *S. Pierre-des-Bois*, parce que la partie ſeptentrionale de Paris étoit couverte d'une forêt, & que c'étoit un Monaſtère, *Cellula aliquot Monachorum* (*d*). Si l'erreur n'étoit pas le triſte apanage de l'humanité, je ne comprendrois pas que les ſavants Bénédictins qui nous ont donné l'Hiſtoire de Paris, euſſent pu avancer que cette petite Chapelle a été qualifiée de *petite Abbaye* (*e*). Ils ſe ſont fondés ſur un Diplôme de Louis d'Outremer du 1 Février 936, cité par le P. Dubois (*f*), dans lequel (diſent ces Hiſtoriens) *l'Egliſe de S. Pierre ou de S. Merri eſt qualifiée de petite Abbaye.*

Il ne ſera pas difficile de détruire ces opinions. 1° Ce n'eſt que ſur la foi d'une ſimple tradition légérement adoptée, que nos Hiſtoriens ont avancé qu'anciennement il n'y avoit que des bois au nord & au midi de Paris. Suppoſons-le cependant; on ne pourra du moins diſconvenir que, du temps des Romains, ou ſous le Régne de nos Rois de la première Race, il n'y ait eu une enceinte au nord, & je ne crois pas qu'on puiſſe douter qu'elle ne s'étendît dès-lors au-delà de l'endroit où eſt aujourd'hui ſituée l'Egliſe de S. Merri. Or, puiſqu'elle étoit renfermée dans cette enceinte, je ne vois pas pourquoi on auroit donné le ſurnom *des Bois* à la Chapelle de S. Pierre, qui n'étoit pas dans une forêt.

(*c*) Paſt. B. pag. 159, & D. pag. 82.

(*d*) Hiſt. Eccl. Par. t. 1, p. 501.

(*e*) Tom. 1, pag. 117.

(*f*) Hiſt. Eccl. Pariſ. Tom. 1, p. 544.

2° Je ne trouve aucun monument qui constate qu'il y eût un Monastère en cet endroit. Les Actes de S. Merri, rapportés par un Auteur du XIIIe siécle (*g*), sur l'exactitude duquel il ne faut pas toujours compter, appelent à la vérité la Chapelle de S. Pierre *la Cellule* : mais on sait que les noms de *Celle* & de *Cellule*, qu'on a donnés à l'habitation de chaque Religieux, ne signifioit en général qu'un petit espace, une *Maisonnette ;* on l'a aussi donné par extension à une Chapelle ou petit Oratoire, à une ferme dépendante d'un Monastère où l'on envoyoit un ou deux Religieux pour veiller sur les travaux, recueillir les fruits, percevoir les revenus, &c. (C'est de ces Celles que se sont formées depuis les petites Abbayes & les Prieurés) ; enfin à un petit Bénéfice *ABBATIOLA*, *Capella*, *Sacellum*, *Ecclesiola*, *minus Beneficium* (*h*). Ces différentes interprétations du mot *Cellula* & *Abbatiola* peuvent-elles convenir à un Monastère ? Les Actes de S. Merri nous le représentent comme un Homme qui, ne croyant trouver le vrai bonheur que dans la solitude, avoit déja quitté une fois le Monastère de S. Martin d'Autun dont il étoit Abbé. Entraîné par son goût pour la vie contemplative, il prend le prétexte de visiter le tombeau de S. Germain, pour pouvoir s'y livrer sans réserve. Quelle apparence que, pour remplir cet objet, il eût choisi un Monastère pour sa retraite ? Il ne me paroît guère plus probable qu'après sa mort on en ait bâti un auprès de cette Cellule ou Oratoire de S. Pierre. Ce lieu

---

(*g*) Vinc. de Beauvais, Spec. Hist. libr. 24, cap. 92.

(*h*) Du Cange, Glossar.

devint très-célèbre par les miracles de S. Merri dont il prit le nom, ainſi qu'il paroît par le Diplôme de Louis le Débonnaire de 820 (*i*); mais je ne trouve aucun Acte qui faſſe mention d'un Monaſtère en cet endroit. Je crois qu'on ne peut oppoſer à mon opinion que celle d'Adrien de Valois (*k*) : ce Savant, qui place en 984 la Tranſlation du Corps de S. Merri, admet un Monaſtère, & dit en même-temps qu'*on ne trouve aucune autorité qui prouve que S. Merri, S. Benoît, &c. exiſtaſſent avant l'an* 1000. Il ne ſe rappeloit pas les Diplômes de Louis le Débonnaire & de Louis d'Outremer que je viens de citer, ni les Actes de la Tranſlation du Corps de S. Merri (*l*), qui en fixent l'époque en 884. Ces Actes ne font aucune mention de Religieux; on n'y parle que de Théodebert, Prêtre, *Sacerdos Eccleſiæ ſancti Mederici*, qui deſſervoit cette Chapelle; c'eſt lui ſeul qui ſupplie l'Evêque de placer le Corps de S. Merri dans un lieu plus convenable, qu'il avoit fait préparer à cet effet. S'il y eût eu un Monaſtère dont Théodebert eût été Abbé, eût-il demandé cette Tranſlation en ſon nom ſeul? L'Evêque, qui viſita le lieu, n'eût-il point parlé des Religieux qui devoient y être? N'eût-il pas dit qu'il déféroit à leurs prières & à celles de leur Abbé? Le Procès-verbal qu'a rapporté l'Hiſtorien de l'Egliſe de Paris (*m*), n'auroit-il pas fait mention du Clergé, ſoit Régulier, ſoit Séculier, qui deſſervoit cette Chapelle? Enfin l'Evêque auroit il pu

(*i*) Baluz. Append. ad Capitul. p. 1418.

(*k*) Valeſ. de Baſil. Par. p. 480.

(*l*) Sæc. 3, Benedict. p. 14.

(*m*) Hiſt. Eccl. Par. t. 1, pag. 502.

l'enlever à ces Religieux, pour la donner au Chapitre de Notre-Dame ?

Ce fut à l'occaſion de cette Tranſlation, & ſuivant l'uſage de ces temps-là, que le Comte Adalard & autres firent à cette Egliſe des Donations, qui furent ſucceſſivement approuvées par les Rois Carloman & Eudes. Louis d'Outremer les confirma de nouveau par ſa Charte (*n*) donnée à Laon le 1 Février 936. C'eſt ſur ce Diplôme, comme je l'ai dit ci-deſſus, que ſe ſont fondés les Hiſtoriens de Paris, & celui qui nous en a donné de *Nouvelles Annales* (*o*), pour qualifier l'Egliſe de S. Merri de *petite Abbaye.* Avec un peu plus de réflexion, ils auroient vu que ce Titre n'eſt pas donné à l'Egliſe de S. Merri de Paris, mais à une autre ſituée à Linas, près de Mont-le-Héri, qui dépendoit de la première. Les termes de ce Diplôme ne ſont ni obſcurs, ni équivoques : *Præcipimus atque jubemus ut tam prænominatæ perſonæ... quam Succeſſores eorum prædicti Eccleſiæ ſancti Petri & pretioſiſſimi Confeſſoris Chriſti Mederici ABBATIOLAM ubi adſpiciunt IN VILLA LINAIAS manſelli XX, &c. in ſuorum uſibus omni tempore poſſideant, &c.*

C'eſt à l'époque de cette Tranſlation & des libéralités qui furent faites en conſéquence à l'Egliſe de S. Merri, que l'Abbé Lebeuf (*p*) a penſé, avec raiſon, qu'on pouvoit fixer l'exiſtence d'un petit Clergé deſtiné à ſoulager le Chapelain dans ſes fonctions, à célébrer avec lui l'Office Divin & à remplir les Fondations. La Chapelle fut chan-

(*n*) Gall. Chriſt. t. 7, Inſtr. pag. 18.

(*o*) Nouv. An. de Par. p. 202.

(*p*) Tom. 1, p. 254.

gée en une Eglise qui reconnoît Odon Fauconnier pour son Fondateur, suivant l'Inscription qu'on trouva dans son Tombeau lorsqu'on la démolit, sous le Régne de François I, pour la reconstruire telle que nous la voyons aujourd'hui. On y lisoit: *Hic jacet Vir bonæ memoriæ Odo Falconarius Fundator hujus Ecclesiæ.* Il est certain que, dès ce temps, cette Eglise étoit devenue Paroissiale. Sa situation éloignée de S. Germain & de S. Gervais, & le nombre des Habitants qui peuploient ce Quartier, ne permettent pas d'en douter. Mais on ne trouve aucun Titre qui fasse mention de cette Eglise, comme d'une Collégiale desservie par des Chanoines; ce n'est, comme je l'ai dit, qu'en 1007 que le Chapitre de Notre-Dame la demanda & l'obtint de Renaud, Evêque de Paris. Telle est l'origine de la supériorité que l'Eglise-Mère a toujours conservée sur celle de S. Merri, qu'on nomme par cette raison une des quatre *Filles de Notre-Dame.* Dans les Lettres de Renaud, il n'est point dit qu'il y eût alors des Chanoines à S. Merri, & ce silence annonce assez qu'il n'y en avoit point. Cette union n'auroit pu se faire sans leur consentement, & l'on ne parle que de celui de l'Archidiacre Elisiard de qui cette Eglise dépendoit, & du Prêtre Herbert qui la desservoit, auquel on la conserva pendant sa vie. Une simple tradition veut que le Chapitre de Notre-Dame, s'étant mis en possession de l'Eglise de S. Merri, y envoya sept de ses Bénéficiers, qui prirent le titre de Chanoines, & formèrent dès-lors cette Collégiale telle qu'elle subsiste aujourd'hui : il est constant qu'ils existoient sous cette dénomination au XIIe siécle, & qu'ils administroient alternativement & par semaine les Sacrements; usage qui a subsisté jusqu'en 1219, qu'à la requête & du consentement des Chanoines de S. Merri, Etienne, Doyen de l'Eglise Cathédrale, & le Chapitre de Notre-Dame affectèrent la Cure à la Prébende dont étoit alors pourvu Etienne du Pont, & ordonnèrent qu'à l'avenir elle seroit toujours annexée à cette Prébende, sans pouvoir en être séparée, ni la Prébende de la Cure, & déchargèrent les six autres Chanoines du soin des Ames (*q*). Ce Chanoine-Curé fut appellé *Pléban; Presbiter Plebanus, qui plebi præest, qui plebem regit.*

L'Eglise de S. Merri avoit été rebâtie vers l'an 1200. Le nombre des Paroissiens s'étoit déja si fort augmenté, que le Chanoine-Pléban ou Curé demanda un Coadjuteur; ce qui lui fut accordé au commencement du XIVe siécle. Ils partageoient entr'eux les fonctions Curiales, & les faisoient alternativement : cependant la prééminence & quelques prérogatives honorifiques & utiles distinguoient le premier du second; on les appela *Chefciers*. Quelques Auteurs, tels que du Breul, Malingre, &c. dérivent ce mot de la cire qu'ils prenoient, *capi cerius à capiendâ cerâ*; d'autres disent, *capitiarius à capitio*, qui est le chevet de l'Eglise ou le Sanctuaire, où se portoient les Offrandes des Fidèles. Dom Mabillon & l'Abbé Lebeuf (*r*) ont adopté cette étymologie.

J'hésite à en proposer une autre, que je soumets au jugement de mes Lecteurs. Il me semble qu'il est plus naturel de la tirer de *Caput* & de *Cera*; Chefcier, celui dont le nom est inscrit en chef sur le

---

(*q*) Gr. Past. lib. 20, c. 97. Reg. du Chap. de N. D. Bibl. du Roi, coté B. 5185.

(*r*) Acta sanctorum Bened. Sæcul. 3, parte 1, p. 310. — Lebeuf, tom. 1, p. 257.

catalogue. Le Chefcier est certainement dans une Paroisse, ce qu'est le Primicier dans certains Chapitres. Le Tableau, sur lequel étoient inscrits les noms des Dignitaires & des Bénéficiers d'une Eglise, étoit une petite planche enduite de cire: le Primicier y étoit le premier nommé, comme revêtu de la Dignité la plus éminente.

L'union de deux Chefciers à S. Merri, contraire à l'esprit & aux Loix de l'Eglise, fut quelquefois la source de divisions & de scandales qu'on n'avoit eu ni le discernement de prévenir, ni la sagesse de réprimer. Elle subsista cependant jusqu'en 1683: M. Blampignon, second Curé de S. Merri, vint alors à bout de rétablir l'ordre & la discipline. Par son zèle & par ses soins, la femme ne fut plus soumise à l'empire de deux maris, les enfants ne reconnurent qu'un père, & le troupeau docile n'obéit plus qu'à la voix d'un seul Pasteur. Le projet de la réunion des deux Cures fut approuvé par une Bulle d'Innocent XI, du 25 Février 1683. La Transaction passée en conséquence entre les deux Curés, le 12 Avril suivant, fut ratifiée par M. l'Archevêque, par le Chapitre de Notre-Dame & par les Marguilliers de S. Merri, les 14, 17 & 21 Mai 1685; ils consentirent l'exécution des Lettres-Patentes obtenues à cet effet par les deux Curés, au mois d'Avril précédent, lesquelles furent enregistrées au Parlement le 25 dudit mois de Mai.

L'augmentation du nombre des Paroissiens fut un nouveau motif pour faire construire une plus grande Eglise. Cet édifice, tel que nous le voyons présentement, fut bâti sous le Régne de François I. Je ne sais par quelle raison Sauval (*f*) en fixe

(*f*) Tom. 1, pag. 362.

l'époque

l'époque en 1512. Cette date ne peut convenir au régne de ce Prince, qui ne monta ſur le Thrône que le 1 Janvier 1515. Je crois que ce nouveau Bâtiment ne fut commencé qu'en 1520. Depuis quelques années, cette Egliſe a été réparée, ornée & embellie avec goût. Ce Chapitre eſt composé du Chefcier-Curé, de ſix Chanoines & de ſix Chapelains en titre. Tous ces Bénéfices ſont conférés par deux Chanoines de Notre-Dame : ce droit eſt attaché à leurs Canonicats.

L'ÉGLISE S. JULIEN DES MÉNÉTRIERS. On rapporte la Fondation de cette Egliſe à l'an 1330, & l'on en fait honneur à deux Ménétriers ou Joueurs d'Inſtruments. Touchés de compaſſion de voir une pauvre Femme paralitique qui ſe tenoit jour & nuit exposée aux injures de l'air, dans l'endroit où cette Egliſe eſt aujourd'hui ſituée, ils formèrent le pieux deſſein d'y fonder un petit Hôpital pour les pauvres paſſants. Jacques Grare & Huet ou Hugues le Lorrain achetèrent à cet effet l'emplacement de l'Abbeſſe de Montmartre, moyennant cent ſols de rente, & huit livres payables dans ſix ans. L'acte eſt daté du Dimanche avant la S. Denys 1330. Ils mirent auſſi-tôt ce lieu en état de ſervir d'Hôpital : ils obtinrent la permiſſion d'y faire conſtruire une Chapelle, ſous l'invocation de S. Julien, à la charge de la doter de ſeize livres de rente. Les Ménétriers, qui avoient formé entr'eux une Confrérie, y conſentirent & s'y engagèrent par Acte du 21 Août 1331. Cet Hôpital fut dès-lors connu ſous le nom *de S. Julien & S. Genès*, & la Chapelle fut dédiée ſous ceux *de S. Georges*, *S. Julien & S. Genès*. Je ne crois pas devoir réfuter ce que du Breul (*s*) rapporte du Patron Titulaire & du sceau de cet Hôpital : son récit n'est fondé que sur une pieuse croyance d'une Histoire apocryphe. Cet établissement fut approuvé par le Roi, le Pape & l'Evêque de Paris, & la Chapelle fut érigée en Bénéfice à la nomination des Ménétriers. Je ne parlerai point des diverses contestations qui sont survenues entre les Prêtres de la Doctrine Chrétienne & ces Ménétriers. M. Piganiol auroit pu se dispenser de la longue & ennuyeuse énumération qu'il en fait, & son nouvel Editeur auroit encore moins dû le suivre dans ses écarts. Il me suffit de remarquer qu'au mois de Novembre 1644, M. l'Archevêque de Paris commit les Prêtres de la Doctrine Chrétienne pour célébrer le Service Divin dans cette Chapelle ; qu'ils y furent maintenus par Arrêt du 20 Décembre de la même année ; qu'en 1649, elle fut unie à leur Congrégation, ce qui a été confirmé en 1658 ; & que les Joueurs d'Instruments n'ont conservé que le droit de nommer un Chapelain, & quelques autres prérogatives dont jouissent ordinairement les Fondateurs.

Vis-à-vis de cette Eglise est une maison rebâtie depuis peu. On voyoit ci-devant sur la porte une tablette de marbre, sur laquelle on avoit gravé ces deux Vers de Juvenal (*t*) :

> *Summum crede nefas animam præferre pudori,*
> *Et propter vitam vivendi perdere causas.*

« Soyez certain que c'est un très-grand crime de » préférer la vie à l'honneur, & de la conserver » aux dépens de ce qui en fait le véritable prix. »

(*s*) Page 991. — (*t*) Satyre 8, V. 83 & 84.

Cette Inſcription a excité la curioſité & les recherches. On a prétendu que cette maiſon avoit ſervi de demeure à Gabrielle d'Eſtrées; qu'elle avoit été enſuite conſacrée à la plus abominable débauche; que celui qui l'habitoit avoit péri à la Grêve, par le même ſupplice dont Dieu punit les Villes de Sodome & de Gomorrhe, & que cette Inſcription avoit été miſe ſur la porte en exécution de l'Arrêt qui avoit condamné le Coupable. Ces Anecdotes ſe trouvent à la vérité dans un Livre prétendu imprimé à Lisbone en 1761, ſous le titre de *CONSULTES tenues au Collége de Louis-le-Grand pour la réformation de la Maiſon de Clermont en* 1708 (*u*). Ce Libelle ſatirique ne me paroît mériter aucune confiance. L'Auteur a cherché à faire une application maligne des deux Vers de Juvenal, dont il a détourné le ſens. Ils ne furent mis vraiſemblablement ſur cette Maiſon, que pour ſuivre un uſage alors aſſez commun, dont on voit encore des veſtiges en pluſieurs endroits. Toutes les lumières que j'ai tâché de me procurer à ce ſujet ſe ſont réduites à m'apprendre, qu'en 1647 cette Maiſon étoit un Bureau, où ſe faiſoient inſcrire ceux qui vouloient s'embarquer ou charger des marchandiſes pour les Indes; &, dans les actes de ce temps qui en font mention, elle eſt indiquée ſous ce titre, *l'Hôtel des Indes Orientales pour s'embarquer.* C'eſt peut-être à cette occaſion qu'on mit ſur la porte les deux Vers que j'ai cités, dont l'alluſion étoit juſte, en rappelant que l'honneur & la vertu ſont les ſeuls véritables biens, & que c'eſt un très-grand

(*u*) Tom. 1, première Partie, pag. 18.

crime de les sacrifier pour acquérir les richesses & les commodités de la vie, ce qui n'arrive que trop souvent.

L'ÉGLISE S. NICOLAS-DES-CHAMPS. Ce n'étoit dans l'origine qu'une Chapelle bâtie peu après le Monastère de S. Martin-des-Champs pour les Domestiques de ce Couvent, & pour ceux qui vinrent former des habitations sur son territoire. Tous les Historiens (*x*) du siécle passé & ceux du précédent ont avancé que le Roi Robert avoit un Palais près de S. Martin, & que l'Oratoire de S. Nicolas en étoit la Chapelle. Je crois qu'ils n'ont point entendu le véritable sens des passages d'Helgaud & de Guillaume de Nangis (*y*), & qu'ils ont attribué à l'Oratoire dont il est ici question, ce qui ne doit se rapporter qu'à la Chapelle de S. Nicolas au Palais, dont j'ai parlé à cet article. (Voyez *Quartier de la Cité*, p. 7). Je suis surpris que Dom Marrier (*z*) ait adopté cette opinion, & que le Commissaire Lamarre s'y soit conformé sur les 3e & 4e Plans, où il a placé, près de S. Martin, un Palais que je ne crois pas avoir jamais existé, du moins n'en ai-je trouvé aucune preuve. Il donne à ce Palais une figure & des bornes idéales, & il place la Chapelle de S. Nicolas hors de l'enceinte de ce Palais, quoiqu'Helgaud assûre le contraire : *IN CIVITATE Parisius Ecclesiam* (ædificavit) *in honore sancti Nicolai Pontificis in Palatio*. Ce fut dans son Palais qu'il fit

(*x*) Du Breul, pag. 854. — Belleforest, Cosmogr. universelle, pag. 214.

(*y*) Helg. Epit. Vitæ Roberti Regis. — Duchesne, T. 4, pag. 77. — Nangis, Chron. sub ann. 1030.

(*z*) Hist. S. Martini, p. 449.

conſtruire cette Chapelle, & ce Palais étoit *in Civitate*, dans la Cité, & non dans la campagne. Il ne reſtera certainement aucun doute ſur la vérité de ce que j'avance, ſi l'on fait attention que la Chapelle de S. Nicolas ayant été bâtie vers 1030, au rapport de Nangis, cette époque ne peut convenir à S. Nicolas-des-Champs, puiſque cette Chapelle fut conſtruite pour le ſecours & l'uſage des Domeſtiques de S. Martin-des-Champs, & que ce Monaſtère, qui n'exiſtoit plus alors, ne fut rebâti que ſous le règne d'Henri I, Succeſſeur de Robert.

Si nous ignorons la véritable époque de l'origine de l'Egliſe de S. Nicolas-des-Champs, nous ſommes du moins certains qu'elle exiſtoit en 1119. Nous avons une Bulle de Calixte II, du 5 des Calendes de Décembre (27 Novembre) de cette année (*a*), dans laquelle il eſt fait mention de la Chapelle S. Nicolas, ſituée près du Monaſtère S. Martin. Elle eſt déſignée ſous le même Titre dans les Bulles d'Innocent II en 1142, & d'Eugène III en 1147 (*b*); & comme il n'en eſt point parlé dans celles d'Urbain II du 14 Juillet 1097, & de Paſchal II du 30 Avril 1108 (*c*), qui confirment toutes les poſſeſſions de S. Martin-des-Champs, je crois qu'on en peut inférer que la Chapelle S. Nicolas n'a été batie qu'entre les années 1108 & 1119.

L'Abbé Lebeuf (*d*) a penſé que cette Chapelle avoit pu devenir Paroiſſiale en même-temps que celle de S. Jacques de la Boucherie, quoique celle-

(*a*) Ibid. pag. 157.
(*b*) Ibid. pag. 170 & 179.
(*c*) Ibid. pag. 148 & 153.
(*d*) Tom. 1, pag. 326.

ci ne soit qualifiée que de Chapelle en 1175 & 1176, & qu'il soit certain qu'elle étoit Paroissiale en 1119. *C'étoit*, dit-il, *une Paroisse desservie dans une Chapelle*. Cette opinion me paroît un peu hazardée; car, quoiqu'on ait appelé *Chapelle* en 1176 l'Eglise de S. Jacques de la Boucherie, qui étoit Paroisse 57 ans avant cette époque, je ne crois pas qu'on en puisse conclure que la Chapelle S. Nicolas jouissoit du même Privilége. Si cela eût été, pourquoi ne lui auroit-on pas donné dès-lors le même Titre? pourquoi les Bulles de 1119, 1142 & 1147, ne se seroient-elles pas servies des mêmes expressions pour ces deux Eglises? pourquoi font elles mention de S. Nicolas comme d'une simple Chapelle, & de S. Jacques comme d'une Chapelle Paroissiale? *In suburbio Parisiacæ Urbis Capellam sancti Jacobi cum* PAROCHIA. *Prope Monasterium sancti Martini Capellam sancti Nicolai*. Cette distinction eût-elle été admissible, si ces deux Chapelles avoient été également décorées du même Titre?

Si la véritable époque de l'érection de la Cure de S. Nicolas-des-Champs nous est inconnue, nous savons du moins qu'elle existoit sous le titre de Paroisse en 1184; & je ne sais pourquoi l'Auteur des *Tablettes Parisiennes*, qui la qualifie de Chapelle & *Prieuré* en 1119, ne l'indique comme Paroisse qu'en 1220. A la vérité, l'Abbé Lebeuf (*e*) dit que c'est dans un acte de cette année que la Chapelle S. Nicolas est appelée *Ecclesia* pour la première fois; mais cet acte même prouve que c'étoit une Paroisse avant cette époque, il ne

(*e*) Loco sup. pag. 327.

faut que le lire pour s'en convaincre. Jusqu'à cette année, la Cour du Prieuré de S. Martin servoit de cimetière. Ce lieu étoit peu propre pour cet usage ; il n'étoit point fermé, & ne le pouvoit être sans causer un notable préjudice au Monastère, *nec poterat claudi sine gravi Monasterii detrimento ;* il étoit étroit & mal propre, & les enterrements fréquents troubloient le repos des Religieux. *Tum propter hujus loci angustias, tum quia dictus locus mundus servari non poterat, cùm in curiâ Monachorum porci & equi, & cætera animalia ingrediantur ; tum etiam quia frequentiùs, occasione illius cimeterii, quies Religiosorum in Monasterio sancti Martini commorantium turbabatur.* Ces incommodités engagèrent les Religieux de S. Martin, & Gautier, Prêtre de l'Eglise de S. Nicolas, à demander à Guillaume de Seignelai, Evêque de Paris, la translation de ce cimetière dans un autre endroit ; ce que ce Prélat leur accorda par ses Lettres du mois de Mars 1220 (*f*). On y lit que l'Eglise S. Nicolas n'avoit point de cimetière suffisant pour enterrer les PAROISSIENS, *ad sepelienda corpora defunctorum de* PAROCHIA *ejusdem Ecclesiæ* ; que *le peuple de cette* PAROISSE *s'étoit si fort augmenté que ceux qui mouroient sur cette* PAROISSE, *&c.* Ces expressions *de Prêtre* & *de Paroisse* ne permettent pas de douter que la Chapelle S. Nicolas ne fût une Cure en forme, avant l'époque des Lettres de Guillaume de Seignelai, & il me paroît très-vraisemblable qu'elle fut érigée en titre peu après qu'on eut achevé le Monastère de S. Martin.

Il paroît que le nombre des Paroissiens s'aug-

(*f*) Hist. Eccl. Paris. T. 2, pag. 270.

menta ſi fort au XVe ſiécle, que dès 1420 on fut obligé d'accroître cette Chapelle : on y fit encore des augmentations conſidérables à la fin de ce ſiecle; mais, comme elles ne ſuffiſoient point encore au ſuivant, ce Quartier ſe peuplant de plus en plus, on y ajouta en 1576 un terrein de 20 toiſes en carré, ſur lequel on conſtruiſit le Sanctuaire & les Chapelles du chevet de cette Egliſe. Ce terrein formoit la petite place, où l'entrée du Monaſtère de S. Martin étoit ſituée, ainſi que les priſons. Il fallut changer ces diſpoſitions, & la Fabrique de S. Nicolas donna aux Religieux en échange la Cour grillée que nous voyons rue S. Martin.

Cette Egliſe eſt toujours reſtée dans la dépendance des Religieux de S. Martin, qui en ſont Curés primitifs. Le Prieur nomme à la Cure en cette qualité, dans laquelle ils ont été maintenus par Arrêt du Grand-Conſeil du 29 Novembre 1720.

J'ai dit ci-deſſus que l'ancienne cour des Religieux avoit ſervi de cimetière. Ils y ont fait conſtruire, au commencement de ce ſiécle, pluſieurs Bâtiments ſolides & commodes pour les Marchands qui les occupent. On y voit encore une Chapelle ſous l'invocation de S. Michel (c'étoit l'uſage d'en bâtir ſous ſon invocation dans les cimetières). Elle fut érigée par Nicolas Arrode. On lit dans le Nécrologe de cette Egliſe : 2 *Idus Aug. depoſitio Nicolai Arrode, qui conſtruxit Capellam de cimiterio, & multa bona contulit Conventui hujus loci.* Les Marchands Rubaniers ayant établi le lieu de leur Confrérie dans cette Chapelle, l'ont fait réparer & orner; ils ont fait enlever les tombes qu'on y voyoit, mais Dom Marrier (g) nous a conſervé

(g) Hiſt. S. Martini, p. 573 & ſeq.

l'Epitaphe de ce Fondateur, & celles de ses descendants. Elle est ainsi conçue : *Ci gît Nicolas Arrode (fuiz feu Huedon Arrode) qui édifia cette Chapelle, qui trépassa en l'adge de* LIX *ans, en l'an* MCCLII, *lendemain de la S. Lorens. Priez pour luy que Dex ayt mercy de l'ame.* L'Abbé Lebeuf (*h*) n'avoit pas lu sans doute cette Epitaphe, puisqu'il dit que cette Chapelle fut bâtie vers l'an 1200; car Nicolas Arrode étant mort en 1252 âgé de 59 ans, n'auroit eu que sept ans lorsqu'il la fit construire, ce qui est difficile à croire.

Cette Chapelle, sépulcrale dans son origine, devint ensuite baptismale, & servoit à ce dernier usage pour les enfants de la Paroisse S. Laurent, qui naissoient sur la partie du territoire de cette Eglise qui étoit renfermée dans la Ville, par la nouvelle enceinte que Philippe-Auguste fit faire.

Le Prieuré Royal de S. Martin-des-Champs. On ne peut disconvenir ni de l'antiquité, ni de la célébrité du Culte de S. Martin. Nos Rois le regardoient comme le S. Tutélaire du Royaume, & comme le Protecteur de leur Couronne. Ils faisoient porter sa chape ou manteau dans leurs armées; ils la regardoient comme un bouclier qui les mettoit à couvert des traits de leurs ennemis dont il présageoit la défaite, & c'étoit sur cette Relique que se prononçoient les serments solemnels que l'usage autorisoit alors. Il n'y a pas lieu de douter qu'il n'y ait eu à Paris au VIe, ou au-moins au VIIe siécle, une Eglise ou Chapelle bâtie sous son nom, mais nos Historiens ne sont pas d'accord

(*h*) Tom. 1, p. 311.

entr'eux: ils parlent d'un Monaſtère ou Abbaye de S. Martin, ſans nous apprendre quand ni par qui elle a été fondée. On ignore même le lieu où elle étoit ſituée : les uns la placent au midi, les autres au nord. Ceux-ci croient qu'elle étoit près de la porte ſeptentrionale, ceux-là au même endroit où elle eſt aujourd'hui; & ces opinions oppoſées, avancées & ſoutenues par des Savants du premier Ordre, & par des Auteurs qui ont fait honneur à la Littérature, ſont appuyées ſur des témoignages qui leur donnent un air de vérité. Il ne m'appartient pas de décider, ce ſeroit une témérité de ma part ; mais je dois expoſer ce que je crois être le plus vrai, ou du-moins le plus vraiſemblable.

Grégoire de Tours fait mention, dans deux endroits, du lieu où S. Martin étoit honoré. Dans l'un (*i*) il dit que Domnole, Abbé de S. Laurent, ayant appris que le Roi vouloit le mettre ſur le Siége Epiſcopal d'Avignon, vint à la *Baſilique* de S. Martin, où Clotaire étoit venu faire ſa prière. Dans l'autre (*k*), il parle de l'incendie qui conſuma une partie de la Ville de Paris en 586, & dit que le feu s'étendit juſqu'à un *Oratoire* qu'on avoit bâti près de la Porte en l'honneur de S. Martin, qui avoit autrefois guéri un Lépreux en cet endroit.

C'eſt ſur ces deux Textes que ſont fondées les deux opinions qui ont partagé nos Hiſtoriens. Ceux qui placent le Monaſtère & l'Abbaye de S. Martin au nord de la Ville, & dans l'endroit où il eſt aujourd'hui (*l*), croient le reconnoître

(*i*) Libr. 6, cap. 9.
(*k*) Libr. 8, cap. 33.
(*l*) Baillet au 1 Décembre. — Sauval, T. 1, p. 363.

dans la *Basilique* dont parle Grégoire de Tours. Elle étoit voisine de celle de S. Laurent dont Domnole étoit Abbé, & cette proximité leur a fait croire que ce fut là qu'il vint trouver Clotaire.

J'observe, 1° que cet Historien ne dit point que Clotaire fût alors à Paris. Cette Ville n'étoit point dans son partage, & il me paroît très vraisemblable qu'il parle en cet endroit de la Basilique de S. Martin à Tours, & non d'une Eglise de ce nom qui existât à Paris. 2° Cette conjecture devient presque une preuve, si l'on se rappelle ce que j'ai dit à l'article de l'Eglise de S. Laurent. L'incendie arrivé en 547 (*m*), qui fut éteint par les prières de S. Lubin, commença *du côté de S. Laurent*; &, lors de l'inondation de 583 (*n*), il arriva plusieurs naufrages *entre la Ville & l'Eglise S. Laurent.* S'il y eût eu un Monastère, une Abbaye, une *Basilique* de S. Martin au lieu même où nous la voyons actuellement, il est probable que Grégoire de Tours & l'Auteur de *la Vie de S. Lubin* en auroient fait mention par préférence à une Eglise qui n'étoit pas plus remarquable, & dont la situation étoit plus éloignée.

C'est peut-être cette raison assez décisive qui a déterminé d'autres Historiens à placer la Basilique de S. Martin au midi; mais le témoignage même de Grégoire de Tours sur lequel ils s'appuyent, ne me semble pas propre à favoriser ce systême. 1° Peut-on reconnoître une Basilique, une Abbaye, un Monastère, dans un petit Oratoire couvert de branchages, bâti depuis peu par un simple Particulier qui vivoit encore, & qui s'y réfugia

(*m*) Vita S. Leob. Coll. Hist. Franc. T. 3, p. 431.

(*n*) Gregor. Turon. libr. 6, cap. 25.

pour ſe garantir de l'incendie? 2° Grégoire de Tours dit expreſſément que le feu commença par la première maiſon près de la Porte méridionale, & que par la force du vent il fut porté juſqu'à l'autre Porte où il y avoit un Oratoire bâti en l'honneur de S. Martin, qui avoit guéri un Lépreux en ce lieu même en l'embraſſant : *Domus prima ſecùs Portam quæ ad medium diem pandit egreſſum...incendio concrematur... igitur cum* PER TOTAM CIVITATEM *huc atque illuc flante vento flamma ferretur, totiſque viribus regnaret incendium, adpropinquare ad* ALIAM PORTAM *cœpit in quâ beati Martini Oratorium habebatur; quod ob hoc aliquando factum fuerat eo quod ibi Lepram maculoſi hominis oſculo depuliſſet.* Or cette autre Porte ne pouvoit être que la Porte ſeptentrionale. Un Auteur moderne (*o*) a ſuppoſé qu'il y avoit une enceinte au midi de la Cité ; &, quoiqu'il convienne qu'elle ne pouvoit être d'aucune réſiſtance, n'étant fermée que d'un mur peu épais, ou d'un ſimple foſſé dont on ne voit aucuns veſtiges, il y a placé l'Oratoire S. Martin, & une porte qu'il appelle *Porte du Lépreux* : cet Oratoire, ſelon lui, pouvoit être ſitué vers l'endroit où eſt aujourd'hui la Chapelle S. Yves, ou un peu en-deçà. Je ne crois pas que cette opinion, deſtituée de toute preuve, mérite d'être diſcutée ſérieuſement, puiſqu'elle eſt réfutée par le témoignage même de Grégoire de Tours. Cet Hiſtorien ne parle point de cette enceinte au midi; il dit que de l'autre côté de l'Oratoire S. Martin le feu n'épargna rien, & que le fleuve ſeul lui ſervit de barrière. *Ab aliâ vero parte tam valide cuncta conflagravit (ignis) ut amnis finem imponeret.*

(*o*) Nouvelles Annales de Paris, p. 77 & ſuiv.

Ces expressions ne peuvent convenir qu'à la Porte septentrionale. D'ailleurs, les mots *Urbs* & *Civitas* employés par Grégoire de Tours ne peuvent & ne doivent s'entendre que de la Cité, & non des Fauxbourgs ouverts du côté du midi.

Adrien de Valois (*p*) place l'Oratoire de S. Martin au nord & en-deça de la Porte du grand Pont. L'Abbé Lebeuf (*q*) a embrassé cette opinion, & a fixé la situation de cette Chapelle à l'endroit où est présentement la Tour de l'Horloge : mais il n'est pas d'accord avec lui-même, puisqu'il dit dans un autre endroit (*r*) qu'elle étoit située au côté gauche de la Porte en sortant, & que le feu avoit commencé à brûler un côté du Pont. Il revient ensuite à sa première idée, en disant que « Nos » Rois de la première Race regardèrent S. Mar- » tin comme l'un de leurs plus grands Protecteurs, » *parce que la Chapelle de son nom étoit dans l'an-* » *gle de leur Palais*, & que c'est de-là qu'est venue » la coutume de célébrer sa Fête dans cet ancien » Palais avec tant de solemnité, que depuis que » le Tribunal de la Justice y a été établi, on n'en » reprend point l'exercice qu'après cette célébra- » tion ».

Ce n'étoit pas uniquement parce que la Chapelle S. Martin étoit dans l'angle de leur Palais, que nos Rois le regardoient comme un de leurs plus grands Protecteurs : le Culte que la Religion & la reconnoissance lui avoient décerné à si juste titre, ne se bornoit point privativement aux honneurs qu'on lui rendoit dans cette Chapelle ; & si

---

(*p*) De Basil. Reg. cap. 2 & 3.

(*q*) Tom. 1, pag. 284.

(*r*) Dissert. T. 1, p. 37.

les Magiſtrats ne reprenoient leurs fonctions qu'après la célébration de ſa Fête, je crois que ce n'étoit pas pour donner une marque publique de leur vénération particulière pour S. Martin, mais parce que c'eſt vers le temps où on la célèbre que les Citoyens abandonnoient la campagne, où les ſoins de la recolte les retenoient, pour revenir à la Ville en goûter les fruits. Mais, ſans m'arrêter davantage ſur ces motifs, j'obſerve, 1° Qu'il n'y a nulle preuve que l'Oratoire de S. Martin fût conſtruit dans le lieu du Palais indiqué par l'Abbé Lebeuf, parce qu'alors ce Palais ne comprenoit pas l'endroit où eſt la Tour de l'Horloge; 2° Que s'il en eût exiſté un alors, ce n'eût été que ſous le règne de Clovis, ou plutôt ſous celui de Childebert & de ſes Succeſſeurs qui l'auroient conſervé, orné & agrandi, & l'on n'en trouve nuls veſtiges; 3° Que 28 ans après la mort de Childebert, temps auquel arriva l'incendie rapporté par Grégoire de Tours, ce n'étoit qu'un ſimple Oratoire couvert de branchages, qu'un Particulier avoit fait conſtruire depuis peu, & dans lequel il ſe réfugia lors de l'incendie; 4° Que cet Oratoire devoit naturellement être hors de la Porte, & non dans l'enceinte. Grégoire de Tours dit qu'il fut bâti au lieu même où S. Martin avoit guéri un Lépreux; or ce devoit être néceſſairement avant que d'entrer. On ſait qu'il n'étoit pas permis aux Lépreux d'entrer dans les Villes; ils ſe tenoient aux environs des Portes, ou ſur les Ponts. On leur permettoit de quêter les lundis ſur le grand Pont. C'eſt ce que nous apprenons du Teſtament fait en 1261, par Jean de Monmouth (ſ), qui leur légue

(ſ) Arch. de l'Archevêché.

deux ſols à chacun, & l'on voit par celui d'Agathe, femme de Guillaume de Bouzei, par lequel elle leur laiſſe 12 deniers, qu'il y en avoit alors vingt-cinq (*t*). Or ſi celui dont il s'agit avoit été guéri dans l'enceinte de la Ville, on doit préſumer qu'il eût été ſur le champ à l'Egliſe remercier Dieu de ſa guériſon, & qu'il n'auroit pas attendu au lendemain, comme le dit Sulpice Sévère en parlant de ce Miracle (*u*).

Cette Chapelle de S. Martin ne dut pas ſubſiſter long-temps. Il y a des preuves qu'il y eut une Egliſe érigée au Nord ſous ſon invocation. La Charte de Childebert III (*x*) de 710, que j'ai déja citée, ne permet pas d'en douter, puiſqu'elle porte formellement que la Foire S. Denys avoit été transférée depuis quelque temps entre les Egliſes de S. Laurent & de S. Martin; mais nous ne ſommes pas plus informés du lieu de ſa ſituation. L'Abbé Lebeuf (*y*) la place vers l'endroit où ſe trouve aujourd'hui l'Egliſe S. Jacques de la Boucherie. Cette opinion n'a d'autre fondement, à ce que je crois, que celle du P. Dubois, dont je parlerai ci-après, & la contiguité d'un terrein dont la deſcription n'eſt que du Xe ſiécle; mais on ne peut diſconvenir qu'au VIIIe il y avoit une enceinte, dans laquelle S. Jacques de la Boucherie & ſes environs juſqu'au-delà de S. Merri étoient renfermés, & par conſéquent à l'abri de la fureur des Normans. Il y a des preuves ſans nombre & ſans replique qu'ils détruiſirent l'Egliſe de S. Martin, & que leur rage ne ſe fit point reſſentir dans la Ville, c'eſt-à-dire, dans l'en-

---

(*t*) Cart. Sorb. f. 121.
(*u*) Vita S. Martini, cap. 19.
(*x*) Diplomat. libr. 6, n. 28.
(*y*) Tom. 1, p. 302.

ceinte ſeptentrionale, d'où il faut néceſſairement inférer qu'elle étoit bâtie au-delà.

Dans le concours de ces différentes opinions, je ſuis diſpoſé à croire que cette Baſilique étoit au même lieu où nous la voyons actuellement. Je fonde ce ſentiment ſur les Titres mêmes qui conſtatent ſa reconſtruction. Henri I, dans ſon Diplôme de 1060 (z), dit qu'il y avoit *devant la Porte de la Ville de Paris, une Abbaye en l'honneur de S. Martin, qui avoit été tellement détruite par la rage tirannique des Normans, qu'il ne ſembloit preſque pas qu'elle eût exiſté; QUASI non ſuerit omnino deletam.* La Charte de Philippe I de l'an 1067 (*a*) préſente les mêmes expreſſions, & dit qu'elle étoit preſque réduite à rien, *PENE ad nihilum redactam.* Ces termes nous donnent certainement à entendre que cette Abbaye n'exiſtoit plus, mais qu'il en reſtoit encore des veſtiges. Le premier de ces Diplômes indique qu'elle étoit ſituée devant la Porte, *ante Pariſiacæ Urbis Portam*: le ſecond nous apprend qu'Henri l'avoit fait réédifier, & il ne dit pas que ce fût dans un autre endroit (*Henricus eam*) *RENOVARE & REÆDIFICARE ſtuduerat.*

L'Hiſtorien de l'Egliſe de Paris & l'Abbé Lebeuf (*b*) ont inféré des termes du Diplôme d'Henri I, que l'indication, *ante Pariſiacæ Urbis Portam*, ſignifioit le grand Châtelet. Ils n'ont pas penſé que la partie ſeptentrionale étant environnée d'une enceinte, la Porte dont il eſt fait mention dans ce Diplôme devoit être celle qui étoit près S. Merri, & qui ſubſiſtoit dès le temps de Dagobert, puiſ-

(z) Hiſt. S. Martini, p. 4.

(*a*) Ibid. pag. 12.

(*b*) Hiſt. Eccl. Pariſ. T. 2, p. 269. — Lebeuf, loc. cit. ſupr.

qu'il

qu'il en fit don à l'Abbaye de S. Denys (*c*).

On pourroit peut-être m'objecter que les mots *devant la Porte* ne conviennent pas au lieu où l'Eglise S. Martin est située ; qu'elle étoit à une certaine distance de cette Porte & dans la campagne, ce qui lui a fait donner le surnom de S. Martin *des Champs*. Je répondrai que c'étoit la seule expression dont on pût se servir pour marquer qu'elle n'étoit pas éloignée de l'enceinte, & qu'elle étoit située dans la rue qui conduisoit directement à la Porte. L'Eglise de S. Germain-des-Prés n'étoit pas si proche de la Porte méridionale ; cependant Childebert dit qu'il avoit commencé à la faire bâtir *in URBE Parisiaca PROPE muros Civitatis ;* & dans un Diplôme de Lothaire & de Louis le Fainéant, la Chapelle S. Magloire est dite *haud procul à mœnibus*. Il paroît donc très-vraisemblable qu'Henri I fit reconstruire l'Eglise & le Monastère de S. Martin au même lieu, ou à peu-près, où l'ancien avoit été bâti.

Si Dom Duplessis (*d*), souvent trop livré à la vivacité de son imagination & au desir de critiquer, avoit lu avec attention les Diplômes d'Henri I & de Philippe son fils, qui constatent la ruine du Monastère de S. Martin détruit par les Normans au IXe siécle, il n'eût sans doute pas avancé avec tant de confiance que cette Eglise existoit sous le titre *d'Abbaye en* 983. Il s'est fondé sur une Bulle de Benoît VII, qu'il date du 30 Décembre 983, qui confirme à Elysiard, Evêque de Paris, la possession des Abbayes de S. Eloi, de

(*c*) Gesta Dagoberti, cap. 33.

(*d*) Nouvelles Annales de Paris, pag. 213.

S. Germain-le-Rond, de S. Marcel, de S. Cloud, de S. Martin-des-Champs, &c.

L'Historien de l'Eglise de Paris (*e*) & les Auteurs de la *Collection des Historiens de France* (*f*) l'ont citée d'après le grand Cartulaire de N. D. (*g*), qui en fixe la date vers 980 : mais il n'a pas fait attention, 1° Que l'Abbaye de S. Cloud & de S. Martin n'en indique pas deux, mais seulement une sous l'invocation de ces deux Saints. Toutes celles qui sont indiquées dans cette Bulle sont dénommées séparément: *Abbatiam sancti Eligii, Abbatiam sancti Germani Rotundi, Abb. sancti Marcelli, Abb. sancti Clodoaldi* ATQUE *sancti Martini, Abb. sancti Petri*, &c. 2° Que si, dans la dénomination qui suit des autres Abbayes dépendantes de l'Eglise de Paris, on lit *Abbatiam sancti Martini quæ est in campellis*, ce n'est point S. Martin-des-Champs, comme l'avance Dom Duplessis, mais *S. Martin de Champeaux*, Abbaye qui existoit dès le VIIe siécle, changée depuis en une Collégiale de ce Diocèse, quoique située & enclavée dans celui de Sens.

De ce que j'ai dit ci-dessus, il est facile de conclure qu'Henri I fit reconstruire l'Eglise & le Monastère S. Martin au même lieu, ou à peu-près, où l'ancien étoit situé; mais on ignore le temps de cette reconstruction. Un Historien anonyme, dont Duchesne (*h*) a publié un fragment, en parle dans un article coté 1037 en marge; ce qui pourroit faire penser que ce fut vers cette année qu'Henri auroit fait rebâtir l'Eglise de S. Martin. Mais cette époque me paroît bien incertaine; car cet Auteur

(*e*) Hist. Eccl. Paris. T. 1, pag. 553.

(*f*) Coll. Hist. Franc. T. 7, 2e Part. n° 22.

(*g*) Pastoral. A. libr. 19, Cart. 10.

(*h*) Tom. 4, pag. 148.

parle de la guerre qu'Henri déclara aux deux Fils d'Eudes, Comte de Champagne, Etienne & Thibauld, qui refusoient de lui rendre hommage. Il défit le premier en 1041, & Geofroi Martel, Comte d'Anjou, vainquit Thibauld entre Quentin & Bleré, & réduisit la Ville de Tours sous son obéissance en 1042. Ce n'est qu'après avoir rendu compte de cet événement que l'Historien anonyme parle de l'Eglise S. Martin : *Denique Rex Henricus construxit Ecclesiam prope mœnia Parisiacæ Urbis in honore sancti Martini.*

Il ne nous reste, sur l'origine de cette seconde Eglise de S. Martin, que la Charte d'Henri I datée de l'an 1060, 27e de son Régne, Indiction XV. Le P. Dubois trompé, comme je l'ai dit ci-dessus, par les termes *ante Parisiacæ Urbis Portam*, en a conclu que cette Charte étoit fausse, & l'on y trouve, dit-il, certainement d'autres preuves de fausseté : *Facilè Litteras Henrici Regis falsi argues ; & certè alias habent falsitatis notas.*

Je ne puis dissimuler qu'il est impossible de concilier les trois dates qu'on lit dans la Charte d'Henri I. La 27e année du Régne de ce Prince ne concourt ni avec l'Indiction XV, ni avec l'an 1060. Henri fut associé à la Couronne par Robert son père, le 14 Mai 1027. Si l'on compte de cette époque, la 27e année de son Régne tomboit à l'an 1054, & alors c'étoit l'Indiction VII. Il succéda au Roi Robert le 20 Juillet 1031 : si l'on date de ce jour, la 27e année étoit révolue à pareil jour de l'an 1058, & c'étoit l'Indiction XI. Les Savants Bénédictins qui nous ont donné le *Gallia Christiana* (*i*) & la Collection des Historiens

(*i*) Tom. 7, col. 515 & Instrum. col. 32.

de France (*k*), n'ayant pu concilier ces dates, se sont bornés à dire qu'elles étoient vicieuses; qu'en 1060 c'étoit la 29e année du Régne d'Henri, & qu'il faut aussi corriger l'Indiction, qui étoit la XIIIe en cette année. On me taxeroit avec raison de témérité, si je ne me conformois pas à leur opinion, & si j'osois l'attaquer sans avoir des preuves décisives pour la détruire. Je ne doute point qu'il n'y ait erreur dans les dates, & il eût été à désirer que les Historiens que je viens de citer, nous eussent mis à portée de savoir quelles sont celles qu'il faut leur substituer. Dans cette incertitude, qu'il me soit permis de proposer mes doutes & de hazarder une conjecture. La négligence ou l'ignorance des Copistes ne leur auroit-elle point fait prendre l'année MLIX pour MLX, & l'Indiction XII pour la XVe ? La première de ces erreurs peut venir de l'omission de la lettre I entre L & X, ce qui alors fait MLX, au-lieu qu'en la rétablissant elle ne fait que MLIX. Une seconde source de l'erreur des Copistes peut venir de la configuration du chiffre, qu'ils auront pris pour un X, tandis qu'il pouvoit avoir la figure d'un K, figure dont on s'est servi par abbréviation pour marquer l'I & l'X qui valent IX. Il en seroit de même pour l'Indiction XII qu'ils ont marquée XV, soit par inadvertence, soit en réunissant par en bas les deux I qui forment alors un V, au-lieu que séparés ils ne sont comptés que pour II. Mes Lecteurs sont en droit de me demander surquoi je fonde cette supposition, & pourquoi je veux substituer la date de 1059 à celle de 1060. Je leur répon-

(*k*) Coll. Hist. Fr. Tom. XI, p. 606 in Not.

drai, 1° Qu'il a été plus facile de se tromper sur ces chiffres que sur d'autres; 2° Que, suivant le calcul de nos anciens Historiens, Henri I est mort en 1059, & que par conséquent on ne pourroit admettre une Charte de ce Prince datée de 1060. Le fragment d'Histoire depuis le Régne de Robert jusqu'à la mort de Philippe I (*l*), porte qu'Henri mourut à Vitri l'an 1059. Ce même Auteur place en 1032 la mort du Roi Robert, père d'Henri I (*m*); la 27e année du Régne de ce Prince tomberoit par conséquent à l'année 1059. M. le Président Hénault, ce Magistrat éclairé qui mérite à tant de titres nos éloges & nos regrets, dit (*n*) qu'Henri parvint à la Couronne âgé d'environ 27 ans, & qu'il mourut âgé de 55 ans. Ce seroit donc 28 ans de Régne; &, suivant cette supputation, il seroit mort en 1059, qui est l'année citée par l'Historien dont le fragment est rapporté dans Duchesne. C'est aux Savants à fixer nos incertitudes à ce sujet : quoi qu'il en soit, il n'en est pas moins constant qu'Henri I fut le second Fondateur de l'Eglise de S. Martin-des-Champs; qu'il lui fit plusieurs donations, & que ses libéralités furent confirmées & même augmentées par Philippe I, son fils, lorsqu'il en fit faire la dédicace, ainsi qu'il le déclare par sa Charte de 1067. Il y est dit que dès-lors on la nommoit S. Martin-des-Champs. Dom Marrier (*o*) prétend qu'on lui donna ce surnom, parcequ'alors ce *Monastère* étoit éloigné des murs de Paris de plusieurs *Parasanges*.

(*l*) Duchesne, Tom. 4, pag. 88.

(*m*) Ibid. pag. 86.

(*n*) Abrégé Chronol. p. 146. Edit. de 1756.

(*o*) Hist. S. Martini, p. 43.

L'affectation d'employer le nom d'une mesure usitée chez les Perses, dont on ne se servoit point en Europe, l'a fait tomber dans une erreur manifeste. Suivant Hérodote & Strabon, la plus petite parasange est de 30 stades : or le plus petit stade étant de 94 toises 2 pieds 8 pouces de notre mesure, la paransage seroit de 2833 toises 2 pieds, & le stade ordinaire de 125 pas ou 625 pieds; les 30 donneroient une étendue de 18750 pieds ou 3125 toises, & il n'y en a qu'environ 600 de distance entre le grand Châtelet & l'Eglise S. Martin-des-Champs. Le surnom qu'on lui a donné vient de ce qu'elle étoit située hors de la Ville & dans la campagne, c'est-à-dire, dans un lieu où il y avoit moins de maisons que de jardins & *de Cultures*.

Henri I avoit choisi des Chanoines Séculiers pour desservir l'Eglise de S. Martin. Philippe I leur substitua, en 1079, les Religieux de Clugni (*p*). Sa Charte, par laquelle il la donne à Hugues, Abbé de Clugni, n'énonce point les motifs de ce changement. Du Breul (*q*), qui avoit avancé sans fondement que les Chanoines mis à S. Martin, par Henri I, étoient de l'Ordre de S. Augustin, me paroît encore plus répréhensible, en disant que *S. Hugues en expulsa les Chanoines Réguliers de l'Ordre de S. Augustin mal vivants, & y introduisit des Religieux de son Ordre.* Philippe I ne dit point les raisons qu'il eut, il n'en laisse pas même soupçonner qui fussent desavantageuses aux Chanoines, qui souscrivirent, au nombre de treize,

(*p*) Chopin de sac. Pol. lib. 3, tit 4, & Monast. lib. 2, tit. 1, art. 5. — Hist. S. Mart. p. 19

(*q*) Pag. 850.

cet acte de cession : *Hujus rei testes sunt & CONFIRMATORES Canonici ipsius loci.*

Cette donation fit perdre à l'Eglise S. Martin son premier titre d'Abbaye: ce ne fut plus qu'un Prieuré, qui est aujourd'hui le second de cet Ordre. Elle fut ratifiée en 1097 par une Bulle d'Urbain II. Louis le Gros en 1111, & Louis le Jeune en 1137 confirmèrent aussi tous les priviléges & toutes les possessions des Religieux de S. Martin. Elles sont détaillées dans cette dernière Charte qu'on appelle, par cette raison, *la grande Charte de S. Martin* (*r*).

Cette Maison a eu d'abord des Prieurs Réguliers, ensuite des Commandataires au commencement du siécle dernier. Quelques-uns d'entre eux ont été Abbés de Clugni, Evêques & Cardinaux ; & l'on a vu dans ce Monastère plusieurs Religieux qui ne se sont pas rendus moins recommandables par leur érudition que par leurs vertus.

Du Breul (*s*), M. Piganiol (*t*) & son nouvel Editeur, disent que le Monastère & les dépendances de S. Martin occupent un terrein d'environ 14 arpents, entouré de murs, fortifié par des Tourelles, le tout bâti sous Hugues IV, Prieur de ce Monastère. Il n'y a jamais eu à S. Martin que trois Prieurs qui ayent porté le nom d'Hugues. L'Histoire & le Nécrologe de cette Maison font honneur de cette enceinte à Hugues I, qui a rempli cette place depuis 1130 jusqu'en 1142. Il faut sans doute qu'elle ait été reconstruite ou ré-

(*r*) Hist. S. Martini, pag. 26.

(*s*) Pag. 853.

(*t*) Tom. 4, pag. 7.

parée depuis; car Duchesne rapporte un Arrêt de 1273, rendu à l'occasion d'une contestation pour la construction de ces murs, à laquelle on travailloit alors (*u*).

Au commencement de ce siécle, on a fait de grandes réparations à ce Monastère, tant au-dedans qu'au-dehors. Le Cloître, qu'on avoit commencé en 1702, fut achevé en 1720. Il mit à portée d'exécuter le projet qu'on avoit formé de rebâtir le grand dortoir qui régne le long du Jardin, & qui fut fini en 1742. Dès 1712, on commença les maisons qui donnent sur la rue S. Martin; on détruisit la Prison & l'Auditoire, & l'on perça une porte symmétrique à celle du Monastère, qui donne entrée dans une cour dont les bâtiments d'égale structure furent reconstruits en 1720. On rebâtit la Prison & une Fontaine publique au coin de la rue du Vertbois, & l'on décora l'Eglise à laquelle on a ajouté ces dernières années quelques bâtiments qui forment un vestibule, cachent l'ancienne entrée qui ne flattoit pas les yeux, & présentent un Portail agréable, en attendant qu'on en puisse construire un qui soit proportionné à la hauteur de l'Edifice.

En 1765, on a adopté le Plan de faire un Marché public sur une partie du territoire de ce Prieuré. On a destiné pour cet effet un emplacement d'environ 500 toises. Ce projet a été exécuté avec la plus grande ardeur; il est d'autant plus utile, que ce Marché, qui se tenoit auparavant dans la rue, occasionnoit beaucoup d'incommodités au Public.

(*u*) Hist. sancti Martini, p. 167 & 168.

Avant que de quitter la rue S. Martin, je dois parler des trois cul-de-facs que nous y voyons. Celui de *Clairvaux* eft fitué près de la Cour du More. Sauval (v), qui lui donne le nom de rue, dit que les Abbés & Religieux de Clairvaux avoient en cet endroit une maifon qu'ils cédèrent aux Religieux de Ruigni, & qu'on y a fait depuis un cul-de-fac qu'on nomme encore à préfent *la rue de Clairvaux*. Ainfi, felon fon opinion, il n'auroit pu être ouvert que depuis 1427, ce qui n'eft pas exact; car les papiers terriers de S. Martin de 1338 & 1355 en font mention fous le nom de ruelle *de la petite Trouffevache*: mais, comme les Abbés de Clairvaux y ont eu leur Hôtel, on en a donné le nom à ce cul-de-fac qui le conferve encore. Le fecond eft nommé *S. Fiacre*. Dans les Cenfiers de S. Merri, il eft qualifié de ruelle, ainfi que dans un Compte de 1412. Le troifiéme eft celui *de la Planchette*. (Voyez ci-après, *rue Meflai*.)

Enfin, à l'extrémité de cette rue eft fituée la Porte S. Martin. Lors de l'enceinte ordonné, par Philippe-Augufte, cette Porte étoit près de la rue Grenier S. Lazare : on la détruifit, & la Ville, en 1674 & 1675, fit ériger à la gloire de Louis XIV le monument que nous y voyons.

RUE DU FAUXBOURG S. MARTIN. Cette rue doit fon nom au Monaftère dont je viens de parler. Elle commence à la Porte S. Martin, & finit à la grille ou pont qui traverfe le grand égoût. Il s'y trouve un cul-de-fac nommé *des*

(v) Tom. 2, p. 267.

Egoûts, à cauſe de ceux qui ſe rendent dans cet endroit.

RUE NEUVE S. MARTIN. Elle commence à la rue S. Martin, & finit à la rue N. D. de Nazareth au coin de celle du Pont-aux-Biches. Cette rue tire ſon nom du territoire ſur lequel elle eſt ſituée, qui s'appeloit autrefois *la Piſſote S. Martin* (on entend par ce mot des échopes, de petites chaumières, ou lieux couverts de branchages). Elle étoit connue ſous ſon nom actuel dès le commencement du XVe ſiécle. Sauval (*x*), qui la cite ſous cette dénomination d'après un compte des Confiſcations de 1421, la prolonge mal-à-propos depuis la Porte S. Martin juſqu'à celle du Temple. Il dit dans un autre endroit qu'elle s'eſt long-temps appelée *rue du Murier*, & véritablement le Procès-verbal de 1638 énonce la rue *du Murier dite rue Neuve S. Martin;* mais je ne l'ai point trouvée ſous le nom de *la Chiffonnerie* que lui donne l'Auteur *du Dénombrement des Rues de Paris*, imprimé en 1757.

RUE DES MARAIS DU FAUXBOURG S. MARTIN. Elle traverſe de la rue du Fauxbourg S. Martin à celle du Fauxbourg du Temple, & tire ſon nom des marais ou jardins potagers ſur leſquels on l'a ouverte.

RUE DES FOSSÉS S. MARTIN. Elle commence à la rue du Fauxbourg S. Martin, & aboutit à une Voirie qui lui avoit fait donner le nom de

(*x*) Tom. 2, p. 289.

Chemin de la Voirie. Le Plan de Jouvin place un Cirque dans cette rue. On l'a prolongée jufqu'à la Barrière du Temple fous le nom de *rue Baffe S. Martin*, parce qu'elle eft plus baffe que le Boulevard, le long duquel elle eft fituée. Elle eft énoncée fous ce dernier nom dans un Arrêt du Confeil du 7 Août 1769. Sa Majefté en rendit un fecond le 17 Mars 1770, par lequel elle ordonna que cette rue feroit continuée en ligne droite, parallélement à la grande allée du Rempart, jufqu'à la rue du Fauxbourg du Temple dans la largeur de trente pieds, conformément à la Déclaration du 16 Mai 1765. Par ce même Arrêt, le Roi donne à la Ville le furplus du terrein fitué en cet endroit, pour être employé aux ufages qui lui paroîtront les plus convenables. Cette rue a été alignée en conféquence & décorée par plufieurs beaux édifices, & l'on a changé le nom de rue Baffe S. Martin en celui de *Bondi*, en vertu d'un troifiéme Arrêt du Confeil du mois de Décembre 1771.

RUE MAUBUÉ. Elle aboutit à la rue S. Martin & au coin de la rue du Poirier, vis-à-vis la rue Simon-le-Franc dont elle fait la continuation, & dont Sauval (*y*) dit qu'elle portoit le nom en 1456. Dès 1323, elle avoit pris celui de Maubué, &, en 1357, on l'appeloit *rue de la Fontaine Maubué*, à caufe de celle qu'on avoit fait conftruire au coin de cette rue, & qu'on a fait rebâtir à neuf en 1734. Suivant les Cenfiers de S. Merri, on la nommoit *rue de la Baudroirie* en 1398, 1433,

(*y*) Tom. 1, pag. 150.

1508 & 1533, parce qu'elle faisoit le retour d'équerre de la rue du Poirier qui portoit ce nom, & qui l'avoit fait donner à celle-ci.

RUE S. MAUR. Elle commence à la rue du Fauxbourg du Temple, & fait la continuation du chemin de S. Denys dont on lui donne quelquefois le nom par extension. Elle a pris celui qu'elle porte du lieu où elle est bâtie, qui, dans tous les Titres anciens, est appelé *le Chemin de S. Maur*.

RUE DES MÉNÉTRIERS. Elle aboutit à la rue S. Martin & à la rue Beaubourg. Cette rue ne doit point son nom, comme on le pourroit penser, à l'Eglise de S. Julien des Ménétriers dont j'ai parlé ci-dessus, qui n'en est pas éloignée, mais aux Joueurs de Vielle qui demeuroient dans cet endroit. On trouve dans le grand Pastoral de Notre-Dame (z), un Acte du mois de Mai 1225, au Chapitre intitulé, *Vicus Viellatorum*, dans lequel une maison est énoncée scise *in vico des Jugleours*; &, dans un Terrier de S. Martin-des-Champs du XIIIe siécle, cette rue est nommée *vicus Joculatorum*. En 1300, on l'appeloit *rue des Jugleurs*, & *aux Jongleurs* en 1325. Au commencement du XVe siécle, on disoit *rue des Ménestrels*. Elle porte ce nom dans le compte des Matines du Chapitre Notre-Dame en 1433. On la trouve dans le compte des Anniversaires de ce Chapitre en 1482 (a) sous celui *des Ménétriers*. Par le mot de Ménétriers, on entend aujourd'hui les Joueurs de Vielle ou de Violon qui vont dans les Guinguettes

(z) Past. A. f° 815. | (a) F° 166, v°.

& dans les Villages ; celui de *Jongleurs* signifioit aussi la même chose : mais dans l'origine c'étoient des Poëtes qui alloient réciter leurs Vers chez les Grands. Ensuite on donna ce nom à des Bâteleurs ou Farceurs qui chantoient les Poësies des *Trouvères* ou *Troubadours*, & accompagnoient ces chants ou récits sur différents instruments.

RUE DU CLOÎTRE S. MERRI. Elle aboutit dans la rue S. Martin & dans celle de la Verrerie. Ce Cloître comprenoit autrefois les rues Taillepain & Brisemiche, & étoit fermé à toutes ses issues. A l'entrée du côté de la rue S. Martin, il y avoit une Porte & une Barrière, & cet endroit en avoit pris le nom de *la Barre S. Merri*. Ce nom pouvoit aussi venir de la Jurisdiction temporelle que les Chanoines de S. Merri faisoient exercer en cet endroit ; car leur Auditoire & les Prisons du Chapitre y étoient situées, & c'est-là qu'on tient encore les Assemblées Capitulaires.

La Jurisdiction Consulaire se tient dans une maison qui fait partie de ce Cloître. C'est par cette raison qu'on a souvent donné le nom de rue *des Consuls* à la partie de ce Cloître du côté de la rue de la Verrerie qui y conduit.

LES JUGES CONSULS. Ils furent établis à Paris, par Edit de Charles IX du mois de Novembre 1563, pour connoître & décider sommairement toutes contestations entre Marchands & autres pour le fait de la marchandise, & les juger sans appel, pourvu que la demande n'excéde pas 500 livres. Cet établissement, dont on ne connoissoit pas encore alors toute l'utilité, souffrit d'abord quelques difficultés, & le Parlement n'enregistra l'Edit que par provision, & en obéissant aux Lettres de Jussion qui lui furent adressées; mais ensuite cet Edit fut enregistré purement & simplement au mois de Janvier 1565. En conséquence, on choisit tous les ans un Juge & quatre Consuls pour exercer cette Jurisdiction. Elle prit d'abord l'Auditoire de S. Magloire pour y tenir ses séances; mais le 16 Novembre 1570, elle acheta dans le Cloître S. Merri les maisons du Président Baillet, & les fit distribuer & disposer d'une façon convenable pour y donner ses Audiences, qu'elle a toujours continué d'y tenir jusqu'à présent.

RUE NEUVE S. MERRI. Elle commence à la rue S. Martin, & finit à la rue Barre-du-Bec, vis-à-vis celle de Ste Croix de la Bretonnerie. Cette rue étoit déja bâtie au commencement du XIIIe siécle, & peu après la nouvelle enceinte ordonnée par Philippe-Auguste. Il en est fait mention dans une Bulle d'Honoré III du 4 des Ides de Septembre (le 10) 1221, pour la confirmation des Priviléges & des possessions de l'Abbaye de Livri qui jouissoit, dans cette rue, d'un four qu'elle tenoit de la libéralité de Matthieu de Marli (*b*). On lui donna le nom de *Neuve* non-seulement parce qu'elle étoit nouvellement bâtie, mais encore pour la distinguer de la rue de la Verrerie, qu'on appeloit encore en 1284 (*c*) rue S. Merri dans sa partie occidentale. Elle est indiquée sous son nom actuel dans l'accord fait entre Philippe le Hardi & le Chapitre S. Merri en 1273, & elle l'a toujours conservé depuis.

(*b*) Cartul. Livriac. — Gall. Christ. Tom. 7, Instr. col. 93.

(*c*) Cart. S. Magl. f° 407.

A l'extrémité de cette rue eſt un cul-de-ſac appelé *du Bœuf.* Dans les actes les plus anciens, des Archives de S. Merri, il eſt nommé *de Becoye*, &, dans les Lettres de Philippe le Hardi, que je viens de citer, *de Buef & Oë.* Dans les Titres ſubſéquents, on lit *de Bœuf & Ouë*, & enfin cul-de-ſac *de la rue Neuve S. Merri;* mais je n'ai point lu qu'il ait jamais porté le nom de la rue à Bouvetins, comme l'a penſé l'Abbé Lebeuf (*d*).

Le Bureau des Jurés Crieurs eſt ſitué dans cette rue. Une Tradition que je n'ai trouvée appuyée ſur aucun témoignage, veut que Catherine de Médicis ait logé dans cette maiſon. Je ne trouve pas plus de fondement à celle ſur la foi de laquelle on veut que la maiſon voiſine, qui a dû faire partie de la première, ait appartenu à Blanche de Caſtille, mère de S. Louis. On n'y voit point ſes Armes : une ſimple Fleur de Lys, qu'on voit au premier quartier, ne ſuffit pas pour prouver que ce fût l'Hôtel d'une Reine de France. Mais la dorure, la ſculpture & la peinture qu'on voit encore dans un Cabinet *, prouvent qu'il a appartenu à des Perſonnes d'un rang très-diſtingué.

RUE MESLAI. Elle traverſe de la rue S. Martin à celle du Temple. Dès l'année 1696, il avoit été ordonné, par Arrêt du Conſeil, que cette rue ſeroit alignée & couverte de maiſons ; cependant il n'eut point alors ſon exécution, ce qu'on ne doit vraiſemblablement attribuer qu'à certaines

(*d*) Tom. 2, pag. 592.

* Il eſt occupé aujourd'hui par M. Dupont, Maître de Mathématiques, qui ſe fait un plaiſir de le faire voir aux Curieux.

circonſtances dans leſquelles la Ville ſe trouvoit alors. On ne pouvoit applanir *la Butte* S. Martin, ni tranſporter les terres, ſans des dépenſes conſidérables qu'elle n'étoit pas en état de faire. Au commencement de ce ſiécle, il n'y avoit encore que quelques maiſons du côté de la rue du Temple; la principale étoit l'Hôtel de M. de Meſlai, dont la rue a pris le nom. Elle s'appeloit alors *rue des Remparts*. On en voit une autre ſur les Plans de la Caille & de de Liſle, qu'ils nomment *Ménagerie*. Du côté de la rue S. Martin, étoit une butte ou tertre ſur lequel étoient trois moulins. On commença auſſi à bâtir de ce côté, & c'eſt ce qui forme aujourd'hui le cul-de-ſac *de la Planchette*. Mais lorſqu'on ſe fut déterminé à faire applanir cette butte, on aligna la rue Meſlai avec celle de Ste Apolline, & on la nomma *rue ſainte Apolline* ou *de Bourbon*, comme on le peut voir ſur le Plan de la Caille. Le Roi, par ſa Déclaration de 1726, ayant permis de continuer cette rue, elle a enfin été couverte de maiſons des deux côtés, & appelée *rue Meſlai* dans toute ſon étendue. Ainſi c'eſt ſans raiſon qu'on indique encore ſur les Plans de l'Abbé de la Grive & de M. Robert une *rue des Remparts*, qui n'exiſte plus que dans la rue Meſlai même qui la repréſente. Le Plan de M. de Liſle n'eſt pas exact non-plus en cette partie, puiſqu'il y marque cette rue comme totalement bâtie en 1716, quoiqu'elle ne l'ait été que plus de dix ans après.

Le cul-de-ſac de la Planchette étoit encore, en 1680, le commencement d'une rue ouverte, mais qu'on n'a pas continuée, comme je l'ai dit ci-deſſus. Dans un Compte de 1423, rapporté par Sauval

Sauval (*e*), on trouve l'indication d'une maison, rue S. Martin, *devant la Planchette*; & je trouve (*f*) un contrat de vente du 15 Octobre 1614 d'une maison, rue S. Martin, où pendoit pour enseigne la Planchette. Je conjecture que ce nom pouvoit venir de la Planche ou petit Pont qui facilitoit le passage sur l'Egoût qui passoit à découvert en cet endroit, depuis la rue du Temple jusqu'à celle de S. Martin. Il y a dans les Archives de S. Martin plusieurs Titres des XIIIe & XIVe siécles, qui font mention de *la Pissotte*, & de *la Muette* S. Martin. Sauval (*g*) parle d'une Courtille située en 1244 devant la Pissotte S. Martin, & dit qu'*il n'a pu savoir ce que signifie le mot de Pissotte.* L'Abbé Lebeuf, plus curieux que lui, ou plus heureux dans ses recherches, a trouvé dans le Glossaire de Ducange que les mots *Pista* & *Pergula* signifioient *de petites Chaumières ou lieux couverts de branchages.* Il dit aussi *d'après le même Auteur, au mot Mueta*, que *Muette* indique *une Tour qui étoit apparemment au coin du clos de ce Prieuré*, ou plutôt une espèce de petite cloche qui rend un son sourd.

Rue Michel-le-Comte. Elle donne d'un bout dans la rue Beaubourg, vis-à-vis la rue Grenier S. Lazare dont elle fait la continuation, & de l'autre dans la rue du Temple au coin de celle de Ste Avoie. Dès le milieu du XIIIe siécle, elle portoit ce nom, *vicus Michaëlis Comitis*, & n'en a pas changé depuis. C'est par erreur de Copiste que, dans la Liste du XVe siécle, elle est nommée *Michel-le-Court.*

(*e*) Tom. 3, p. 299.
(*f*) Arch. de l'Archev.
(*g*) Tom. 1, p. 67 & 79.

RUE DE MONTMORENCI. Elle commence à la rue S. Martin, & finit à celle du Temple. Cette rue se bornoit ci-devant à la rue Transnonain ; mais, comme je l'ai remarqué ci-dessus, à la Requête des Habitants, le Roi rendit un Arrêt en son Conseil, au mois de Mai 1768, par lequel il a supprimé le nom de Cour-au-villain que portoit la continuation de cette rue, & ordonné qu'elle seroit appelée *de Montmorenci* dans toute son étendue. On la nommoit anciennement *rue au Seigneur de Montmorenci*, parce que son Hôtel y étoit situé. C'est sous ce nom qu'elle est indiquée dans les Censiers de S. Martin-des-Champs du XIVe siécle. Sauval (*h*) dit qu'elle étoit habitée en 1297. Je n'ai point vu que le Censier de S. Martin de 1300, en ait fait mention. La première fois que je l'ai trouvée indiquée est à l'an 1354, mais elle pouvoit exister auparavant. Ce même Auteur (*i*) avance que Nicolas Flamel fit bâtir & fonda un Hôpital dans cette rue, & Germain Brice (*k*) a suivi cette opinion, qui ne me paroît fondée que sur une Tradition dénuée de preuves. Il est vrai que Flamel avoit une maison dans cette rue, qu'on avoit sculpté des caractères & des figures sur le mur, & qu'entre les legs qu'il fait à sa servante, il énonce *le louage par bas de la maison haute où est le puits en la rue de Montmorenci*; mais il ne dit pas que ce fût un Hôpital, il ne donne point à entendre que *le louage haut* fût occupé par des Pauvres & des Pélerins : on ne voit aucune trace de cette Fondation, & il seroit assez singulier que ce charitable Ecrivain

(*h*) Tom. 3, p. 33.
(*i*) Ibid. p. 307.
(*k*) Tom. 2, p. 31.

qui, par ſon Teſtament, fait des legs à tous les Hôpitaux, eût oublié d'en faire un à celui-ci, s'il l'eût fait bâtir.

Rue des Moulins. C'eſt une ruelle ou chemin qui conduit de la rue S. Maur aux moulins qui ſont ſur la butte de Chaumont, dont elle a tiré ſon nom. Elle eſt indiquée ſur le neuviéme Plan de Paris inſéré dans le Traité de la Police, ſous le titre de *ruelle des Cavées*. C'eſt ſon véritable nom, quoiqu'altéré ; car je crois qu'elle eſt ainſi appelée d'un *Clos*, nommé *Cavon*, ſur lequel elle a été ouverte. Il eſt fait mention de ce clos dans les Titres de S. Martin, & il eſt dit ſitué à la Courtille près du Gibet.

Rue Notre-Dame de Nazareth. Elle donne d'un bout dans la rue du Pont aux Biches, & de l'autre dans celle du Temple. C'eſt une continuation de la rue Neuve S. Martin, dont elle portoit le nom. Celui qu'on lui a donné depuis, vient des Religieux du Tiers-Ordre de S. François, connus ſous le nom de *Pères de Notre-Dame de Nazareth*, dont je ferai mention en décrivant le Quartier du Temple. Ainſi cette rue n'a pu porter leur nom que depuis 1630.

Rue du Cimetière S. Nicolas. Elle commence à la rue S. Martin, & finit à la rue Tranſnonain. J'ai remarqué ci-deſſus que la Paroiſſe S. Nicolas n'eut d'abord d'autre Cimetière que la cour de S. Martin-des-Champs, où l'on bâtit la Chapelle S. Michel, & que ce terrein ſe trouvoit, dès le commencement du XIIIe ſiécle, trop ſerré pour ſervir de ſépulture aux Paroiſſiens, dont le nombre s'étoit déja fort augmenté. Les Religieux de S. Martin donnèrent à l'Egliſe S. Nicolas un Clos environné de murs, pour en faire un Cimetière. Le Curé & les Paroiſſiens s'engagèrent, de leur côté, à faire faire à leurs frais un chemin ou rue pour y conduire. La même année 1220, l'Evêque de Paris bénit ce nouveau Cimetière; la rue qui fut ouverte à cet effet en prit le nom, & l'a toujours conſervé depuis. Ainſi je ne ſais ſur quoi ſe ſont fondés Gombouſt & Bullet pour lui donner le nom de rue Chapon, dont elle a toujours été diſtinguée.

Vis-à-vis cette rue, & dans celle de S. Martin, étoit une maiſon appartenante au ſieur Galland, ayant pour enſeigne *S. Fiacre* (*l*). Elle étoit occupée, en 1637, par Jacques Sauvage, qui tenoit les Coches publics. Il imagina de faire faire des caroſſes auxquels on donna le nom de *Fiacres*: on les appelle encore ainſi, & même les Cochers qui les conduiſent.

RUE PHELIPEAUX. Elle aboutit dans la rue du Temple, & au coin des rues Frépillon & de la Croix. Son véritable nom eſt *Frépaut.* Elle le portoit en 1397: on l'a depuis altéré & défiguré. Dans la Liſte du XVe ſiécle, elle eſt nommée *Frapault;* ſuivant Corrozet *Fripaux* en 1560, & *Frépaux* ſuivant Sauval; *Frippau*, dans le Procès-verbal de 1636; *Phelipot* ſur les Plans de Gombouſt, de Bullet & de Jouvin; & *Philipot* ſur celui de M. de Liſle. On a cru devoir adoucir ce nom en l'appelant Phelipeaux, & ce changement a prévalu.

(*l*) Mſ. de S. Germain-des-Prés, coté 1585.

RUE PIERRE AULARD. Elle commence à la rue Neuve S. Merri, &, retournant en équerre, aboutit à la ruę du Poirier. Ainſi elle formoit autrefois deux rues diſtinctes & déſignées, dans les anciens Titres, ſous différents noms que Sauval & d'autres ont confondus. La partie qui donne dans la rue Neuve S. Merri s'appeloit, en 1273, *vicus Aufridi de Greſſibus*, & au ſiécle ſuivant, la rue *Eſpaulart*. L'autre partie, aboutiſſant dans la rue du Poirier, étoit nommée *vicus Petri Oilart*. Elles ſont toutes deux diſtinguées dans le Rôle de Taxe de 1313. Sauval s'eſt trompé, ainſi que ceux qui l'ont ſuivi, en diſant qu'elle s'appeloit Pierre Diliart en 1273 : il ne s'en eſt apparemment rapporté qu'à des copies infidèles du Concordat paſſé en cette année entre Philippe le Hardi & le Chapitre de S. Merri. Celle qui ſe trouve inſérée dans le premier Tome des preuves de l'Hiſtoire de Paris (*page* 24), d'après un Mſ. de la Bibliothéque Coiſlin où Sauval pouvoit l'avoir vue, eſt défectueuſe à tous égards par les omiſſions, les changements de noms, les contreſens, & autres fautes de toute eſpèce : l'original porte bien diſtinctement, *vicus Petri Oilart*. Ce nom ne tarda pas à changer : on trouve dans les Archives de S. Merri, un acte de 1303 qui prouve que *les pauvres Femmes de la Porte du Temple* avoient une maiſon dans la rue *Pierre Allard*. On lui donne le même nom dans le Rôle de 1313. Guillot écrit Pierre *O Lard*, d'autres *au Lard* & *Aulart*. Il n'y a aucun fondement dans la conjecture de M. Piganiol (*m*), qui dit que ce nom eſt « *apparemment*

(*m*) Tom. 3, pag. 467.

» corrompu de Pierre Liard, qui *peut-être* étoit un » Bourgeois qui y demeuroit ». Il me semble qu'il n'est pas mieux fondé que Sauval (*n*) à la nommer rue *de la Pierre au Lard*. Sur le Plan de d'Heulland, elle est écrite *Pierre au Rat*, & dans Corrozet *Pierre au Lait*. Je conviendrai cependant que, dans une Sentence d'Hugues Aubriot, rendue en 1377, il est fait mention d'une maison, scise *rue Pierre au Lait, aboutissant en la rue Neuve S. Merri*; mais je crois que c'est une faute du Copiste, ne l'ayant point trouvée nommée ainsi dans aucun autre acte. En 1500, cette rue n'étoit plus distinguée de la rue Espaulart, & depuis on la trouve toujours sous le même nom qu'elle porte aujourd'hui.

RUE DU POIRIER. Elle traverse de la rue Neuve S. Merri à la rue Maubué. L'inexactitude des Copistes de l'accord fait entre Philippe le Hardi & le Chapitre de S. Merri en 1273, a occasionné celle de Sauval (*o*) & de ses Copistes. C'est mal-à-propos qu'ils donnent à cette rue, d'après cet acte, le nom de *petite Boucherie*; on lit dans cet accord *Parva Bouclearia*. Elle porte le même nom dans un acte de 1302, & celui de petite Bouclerie en 1308 (*p*). Guillot l'appelle aussi *la Bouclerie*, & Sauval (*q*) en étoit déja convenu lui-même. Il a encore tort d'ajouter qu'en 1432 elle se nommoit la rue *Espaulart*, ainsi que je l'ai remarqué à l'article précédent. Au nom de la petite Bouclerie succéda celui de *la Baudroirie*,

(*n*) Tom. 1, pag. 157.
(*o*) Tom. 1, pag. 158.
(*p*) Archiv. de S. Merri.
(*q*) Tom. 1, p. 118.

qu'elle portoit encore en 1512, & même en 1597, quoiqu'avant cette dernière époque on lui eût donné le nom du Poirier, à cause d'une enseigne. Corroset la nomme *la Baudrerie*, & l'Auteur des *Tablettes Parisiennes* la *Bloquerie;* dénomination qui ne peut convenir à cette rue, puisque Corrozet les distingue l'une de l'autre.

RUE DU PONT AUX BICHES. Elle continue la rue de la Croix, jusqu'au coin des rues Notre-Dame de Nazareth, & Neuve S. Martin. Ce nom lui vient d'un petit Pont construit sur l'Egoût, pour faciliter la communication des deux rues auxquelles elle aboutit, & d'une enseigne des Biches. Vis-à-vis son extrémité est un petit cul-de-sac, qui porte le même nom: il a été aussi appelé cul-de-sac *de la Chiffonnerie* par ceux qui, comme je l'ai dit plus haut, donnoient ce nom à la rue Neuve S. Martin : il est ainsi nommé dans une Sentence de Police du 18 Juillet 1727.

RUE DES RÉCOLLETS. Elle commence à la rue du Fauxbourg S. Laurent, & finit à celle de Carême-prenant, vis-à-vis l'Hôpital S. Louis. Ce n'étoit qu'une ruelle, à laquelle on a donné le nom des Religieux dont l'enclos régne le long de cette rue.

RUE DU RENARD. Elle traverse de la rue Neuve S. Merri dans celle de la Verrerie. Elle s'appeloit anciennement *la Cour Robert de Paris*, ou *la Cour Robert.* On trouve, dans les Archives de S. Merri, des Lettres du Chapitre de Notre-Dame, de 1185, dans lesquelles elle est énoncée sous ce nom, ainsi que dans un acte d'acquisition d'une maison (r) pour la Fondation de la Chapelle S. Jean l'Evangéliste à Notre-Dame, du mois de Mars 1271, dans l'accord de 1273 & dans d'autres actes. Guillot lui donne le même nom. Sur le Plan Ms. de 1512, elle est écrite rue *de Cour Robert*, autrement *du Renard*. Corrozet l'appelle rue *du Regnard qui prêche*.

RUE SIMON-LE-FRANC. Elle aboutit à la rue Ste Avoie & à la rue Maubué, qui en fait la continuation; elle en portoit même le nom, comme je l'ai dit ci-dessus. Cette rue est très ancienne: Sauval parle d'un Simon Franque, mort avant 1211. Ce qu'il y a de certain, c'est que, suivant les Cartulaires de S. Maur & de S. Eloi, il y avoit une rue de ce nom en 1237. Je n'ai pu découvrir pourquoi, dans la liasse des Titres de S. Merri *étiquetée rue Simon-le-Franc*, elle est appelée *vicus de Byeria*. Dans un acte de 1250, il est fait mention d'une maison & Chapelle de la Ste Trinité qui ne subsiste plus, & sur laquelle je n'ai trouvé aucunes lumières. Je crois que c'est une faute ou une méprise, & que dans cet acte il est question du cul-de-sac de la rue de Venise, qui portoit le nom *de Byeria* dès 1210. Au reste, cette rue reparoît dans les mêmes Archives sous le nom de Simon Franque dans l'accord de 1273, de Simon Franc en 1351, & de Simon-le-Franc la même année; elle l'a toujours conservé depuis.

RUE TAILLEPAIN. Elle aboutit à la rue Brisemiche & au Cloître S. Merri. J'ai déja remarqué

(r) Bibl. du Roi. Ms. coté 5185, B. pag. 183.

à l'article de la rue Brisemiche, qu'on l'avoit confondue avec celle-ci qui, depuis le Cloître jusqu'à la rue Neuve S. Merri, se nommoit *Baillehoë*. Dès 1420, on donna le nom de Brisemiche à la partie de la rue Taillepain depuis le Cloître jusqu'à l'angle en retour, & depuis là, elle conserva le nom de Baillehoë. On disoit *en Brisemiche & en Baillehouë* en 1451, 1490 & 1496. Dans un Procès-verbal de 1572, elle est dite *rue Brisemiche faisant hache*, & cela seulement pour en conserver l'ancien nom; car, sur un Plan Mf. de 1512, elle est nommée Brise-pain, dans le retour d'équerre Baillehouë, & Brisemiche depuis la rue Neuve S. Merri jusqu'au Cloître. Le nom de Brise-pain a été successivement changé en celui de *Mâche-pain*, *Tranche-pain*, *Planche-pain*, & enfin *Taille-pain* qui lui est resté.

RUE TRANSNONAIN. Elle aboutit à la rue au Maire, & au coin des rues Grenier S. Lazare & Michel-le-Comte. Le premier nom que cette rue ait porté est celui de *Châlons* : elle le devoit à l'Hôtel des Evêques de Châlons, situé où est aujourd'hui le Couvent des Carmelites. (Voyez ci-dessus, *rue Chapon*.) On le lui donnoit encore en 1323 & 1379; mais, depuis la rue Chapon jusqu'à la rue au Maire, on la nommoit *Trace-Nonain*. La mauvaise réputation des femmes qui demeuroient dans la rue Chapon, fit donner à celle-ci, par le bas peuple, des noms peu décents auxquels a succédé celui qu'elle porte aujourd'hui.

RUE DE LA VERRERIE. La partie de cette rue qui dépend du Quartier que je décris, commence à la rue S. Martin, & finit au coin de la rue

Barre-du-Bec. J'ai déja obſervé qu'en cet endroit-ci, on l'appeloit *rue S. Merri.* Je n'ai pu trouver quand elle a quitté ce nom pour prendre, dans ſa totalité, celui de la Verrerie que portoit l'autre partie; mais il eſt certain qu'elle étoit ainſi dénommée en 1380.

Pluſieurs Titres (*ſ*) font mention d'une rue nommée *Héliot de Brie*, qui devoit aboutir dans celle-ci, & qui ne ſubſiſte plus. Sauval (*t*) dit que *ſi ce n'eſt pas la rue Jean Pain-Mollet, il ne ſait quelle elle peut être.* Il s'eſt trompé dans ſa conjecture; car la rue Jean Pain-Mollet exiſtoit ſous ce nom en 1261, comme je le prouverai en traitant de cette rue (Quartier *de la Gréve*).

Il me paroît que la rue Héliot de Brie étoit ſituée entre les rues S. Bon & de la Poterie. Le Cartulaire de S. Maur, que je viens de citer, l'indique aſſez clairement, & ceux de Ste Geneviève (*u*) ne permettent pas d'en douter : ils énoncent *domum Helyoti de Braïa in quadrivio ſancti Mederici in ſtrata quæ tendit verſus orientem.*

RUE DES VERTUS. Elle traverſe de la rue des Gravilliers à la rue Phelipeaux. Je n'ai trouvé aucunes lumières ſur l'origine ni ſur l'étymologie du nom de cette rue: je l'ai vûe indiquée, pour la première fois, dans un papier cenſier de S. Martin en 1546.

RUE DU VERDBOIS. Elle commence à la rue S. Martin, & finit au Pont aux Biches. Il paroît

---

(*ſ*) Cartul. de S. Maur de l'ann. 1284, f° 407.

(*t*) Tom. 1, pag. 170.

(*u*) Cartulaire de ſainte Geneviève de 1243, f° 16, & de 1255, f° 103.

qu'anciennement on ne la diſtinguoit pas de la rue Neuve S. Laurent, dont elle fait la continuation ; car, dans le Cenſier de S. Martin de 1546, que je viens de citer, on lit rue Neuve S. Laurent dite *du Verbois*. Comme cet endroit étoit en marais & en jardinages, il eſt aſſez vraiſemblable que le nom du Verdbois, qu'on lui a donné, vient des arbres qui environnoient de ce côté l'enclos du Prieuré S. Martin, avant qu'on eût percé cette rue. Quelques Plans, tels que ceux qui ont été publiés par Gombouſt, Bullet, de Fer, la Caille, &c. la déſignent ſous le nom *du Gaillard-bois*.

RUE DES VINAIGRIERS. Elle commence à la rue du Fauxbourg S. Martin, &, ſe diviſant enſuite en deux branches, elle aboutit à la rue de Carême-prenant & à celle des marais S. Martin. Ce n'eſt qu'une ruelle ou chemin ſerpentant, dont le commencement eſt déſigné, ſur la plûpart de nos Plans, ſous le nom de rue *de Carême-prenant*. Elle doit celui qu'elle porte à un champ, appelé *des Vinaigriers*, qu'elle cotoie & dont elle ſuit les irrégularités. Sur le Plan de Mérian, publié en 1654, elle eſt nommée *ruelle à l'Héritier*.

Fin du dixième Quartier.

TABLE ALPHABÉTIQUE

Des objets contenus dans ce Xe Quartier.

APPROBATION DU CENSEUR ROYAL.

J'AI LU, par ordre de Monſeigneur le Chancelier, un manuſcrit, intitulé: *Recherches critiques, hiſtoriques & topographiques ſur la Ville de Paris, &c. Quartier de S. Martin-des-Champs.* Cet Ouvrage, rempli de recherches curieuſes & intéreſſantes, accompagnées d'une critique ſage, judicieuſe & éclairée, m'a paru très-digne de l'impreſſion. A Paris, le 3 Juillet 1773. *Signé*, BEJOT.

Le Privilége du Roi ſe trouve à la fin du premier Quartier.

www.ingramcontent.com/pod-product-compliance
Ingram Content Group UK Ltd.
Pitfield, Milton Keynes, MK11 3LW, UK
UKHW031927260826
14628UKWH00003B/1469

9 782329 367910